August

Lizette Woodworth Reese

No wind, no bird. The river flames like brass.
On either side, smitten as with a spell
Of silence, brood the fields. In the deep grass,
Edging the dusty roads, lie as they fell
Handfuls of shriveled leaves from tree and bush.
But 'long the orchard fence and at the gate,
Thrusting their saffron torches through the hush,
Wild lilies blaze, and bees hum soon and late.
Rust-colored the tall straggling briar, not one
Rose left. The spider sets its loom up there
Close to the roots, and spins out in the sun
A silken web from twig to twig. The air
Is full of hot rank scents. Upon the hill
Drifts the noon's single cloud, white, glaring, still.

8月

リゼット・ウッドワース・リース

風はなく，鳥もいない。川は黄銅のように映えている。
両岸には，魔術にとらわれたかのように
野原が静かに揺れ動く。深い草原の
埃だらけの道を縁取るように，落ちたままの姿で
木々からのしおれた葉がたまっている。
でも，果樹園の柵や門に沿って
静けさの中をサフラン色の松明を突き出すように
野の百合は燃え，蜜蜂は緩急つけてうなっている。
背高くはびこった錆色のいばらには
一輪のばらも残っていない。蜘蛛は機織を置いた
その根元近くで，日差しの中を回転しながら
絹の巣を張りめぐらす　小枝から小枝へと。空気は
熱苦しい香りに満ちている。丘の上には
正午の一片の雲が，白く，まぶしく，漂っている。

作者，リゼット・ウッドワース・リース
（1856-1935）は，アメリカの詩人
であり，50年近く英語教師も務めま
した。1931年にはメリーランド州の
桂冠詩人に任命されています。
この詩からは，「8月」というタイトル
そのままに，その暑さ真っ盛りのお昼
どきの自然の様子が，直に五感に伝
わってくるようです。
韻をもたせ味わうために，このような
行替えの工夫が活かされるところが自
由詩の面白さでしょうか。

（和訳ともに　町田 淳子）

Readers' Illustration
神奈川県横浜市
ののか 作

※生徒の英詩や読者の皆さんのイラストを掲載します。感性あふれる作品をお寄せください。詳細は〈waterdrops@jcom.zaq.ne.jp〉へ。

Readers' Square
読者の広場

読者と編集部をむすぶこのコーナーでは、質問やご提案、体験など皆さまからの活発なご意見をお待ちしています。
新英語教育研究会編集部「読者の広場」係　田中 渡
E-mail:ir55zd@bma.biglobe.ne.jp　Tel.&Fax. 048-573-6724

オンライン研修は花ざかり
―北プロも再スタートします―

海木 幸登
（かいき・ゆきと　富山・元高校）

ここ数年，全国のあちこちでオンライン研修が実施されるようになりました。私もオンラインのおかげで，自宅に居ながら全国のすぐれた実践が聞けるという恩恵を受けています。

ただ，20分～30分の枠での発表が多く，みなさん，短時間で伝えるために，話の展開やスライド資料の作り方には苦労しているようです。

これは対面の場合も同じです。

先日も発表20分，質疑10分というレポートを対面で5つ聞いたのですが，「内容は素晴らしい。でもその伝え方にはまだまだ工夫の余地がある」という印象をもちました。

話は変わりますが，北信越ブロックでは，「四季の北プロ」と銘打って，年4回のオンライン研修の実施をめざすことにしました。その第1回が「夏の北プロ」です。そこでは，2学期の授業が見えてくるような楽しい研修をめざします。そのために，内容と共に伝え方も究めていきたいと思うのです。聞き手が聞きたいことを，わかりやすく伝える研修です（夏の北プロの詳細については，本号の掲示板をご覧ください）。

学部生と留学生の共修授業

工藤 泰三
（くどう・たいぞう　愛知・大学）

私が所属する学部では，今年度いくつかの新たな取組を行っていますが，その一つに「学部生と留学生の共修授業」があります。学部生と留学生の交流を深めつつ，学部生には学びの中の国際性を高めてもらい，また留学生には日本語や日本文化を学ぶ機会を増やすことを目的としています。

私が担当する授業「英語で学ぶ環境・エネルギー問題」では，28名の学部生と8名の留学生がいっしょに受講しています。留学生の出身国はアメリカ（2名）・イギリス（1名）・フィリピン（2名）・インドネシア（3名）で，英語のネイティブスピーカーがいるのは私にとってもプレッシャーですが，自分自身も勉強しながら，学部生と留学生が協働的に学べるよう，グループワークを中心に進めています。日本人学生には，英語ノンネイティブスピーカーの存在も刺激になっているようで，英語を学んでいる者同士で助け合う様子も見られます。

受講生たちの学期末の振り返りコメントを読むのが今から楽しみです！

退職教員から ちょっと一言

その1　短縮形の使用は気をつけて！

鈴木 奈尾子
（すずき・なおこ　長崎・元高等学校）

あっという間に時が過ぎ，早くも2学期に突入しようとしています。こんな時期に，今さらですが，教科書の最初のlesson から，「短縮形」〈He's〉〈It's〉などが出てくることに，懸念を感じています。

アポストロフィ〈'〉が「文字の省略を表す」ことを理解していない生徒にとって，つまずきの原因になるからです。

1）be 動詞の存在に気づかないこと

以前，小学校英語の実践発表を聞いていたら，自己紹介の会話のセリフが "What your name?" となっていました。「be 動詞が抜けた」のは，〈's〉の存在感が薄いせいかも。大人でもやりがちな誤り，生徒がやらないとは限りません。

2）〈's〉を所有格と勘違いすること

〈Tom's cap「トムの帽子」〉のような感覚で，"He's in the room." を「それは彼の部屋です」と誤訳をしないとは限りません。ウソと言われそうですが，私は高1の生徒に代名詞の活用を復習させているとき，〈it〉の所有格を〈it's〉と書く生徒が多いのにショックを受けた経験があります。

実際の中1の教科書を，のぞいてみましょう。東京書籍の NEW HORIZON 1 では，巻頭 Unit 1〈I'm〉が出てきます。その後2頁ごとに〈You're〉〈don't〉〈can't〉が登場し，Unit 2 では〈He's〉〈She's〉〈It's〉〈I'll〉というふうに，約20頁の間に7種の省略形が出てきます。欄外に解説があるとは言え，スピードが速い感じです。

三省堂の NEW CROWN 1 では，Lesson 1 と Lesson 2 には，一切短縮形が出てこず，否定文も〈do not〉〈cannot〉と表記されています。その後 Lesson 3 で〈It's〉が一度だけ，Lesson 5 で初めて〈He's〉〈She's〉が登場。結局約100頁の間に3種類です。一つひとつ段階的に進める姿勢が見えます。

高1（英コミュI）ではどうでしょう？ 東京書籍の All Aboard! では Pre-lesson 1 で〈I'm〉Pre-lesson 2 で〈don't〉が登場し，説明はなしです。「中学で既習なので，不要だろう」という感じです。

三省堂 VISTA I は，最初の会話教材で出てくる〈I'm〉〈don't〉〈Let's〉〈I'll〉の説明はないのですが，Lesson 1 本文の〈It's〉〈That's〉〈What's〉には，欄外に説明があります。苦手な生徒のことを意識しているようです。

教科書もさまざまですが，問題集やそのほかの教材もいろいろです。英語が苦手な生徒にとっては，苦労の連続でしょう。では，どうしたらいいのでしょう？

私は，教科書読解プリントを発行していましたが，その中では省略形を使わず，元の形に直していました。プリントを使わない場合でも，口頭や板書で説明をすればいいと思います。要は「生徒の実態に合った丁寧な説明」，ということに尽きると思います。

ことば Essay

中国で暮らして
わかったことの一つ

木村 美奈子

きむら・みなこ●福井県の教員で，2022年から2年間，中国の蘇州日本人学校に勤務しました。子どもを帯同しての滞在でしたが，中国はとても生活しやすい国でした。海外で仕事をして，生活をすることがどういうことなのか，自問する日々でした。

はじめに

12月中旬に，私が派遣される在外教育施設は「蘇州日本人学校」，と通知を受け取りました。待ちに待った通知に，ドキドキしながらどこにある学校だろう，と早速検索してみると中国の上海近くの蘇州市にあるということがわかりました。それから出発までは，あっという間に時が過ぎ，4月に歴史の国，中国の地に降り立った私を待っていたのは，コロナ対策のための消毒の嵐と，連日のPCR検査でした。

いよいよ始まった中国生活

1カ月間のホテル隔離が終わり，いよいよ契約先のマンションに入り，日本食の店が連なる商業街でおいしいお寿司を食べたときは，心底ほっとしました。それまで隔離されたホテルで部屋に配達される食事は中華で，中国米や八角の匂いにすっかりまいってしまっていた私たちは，ほかにもヤクルトや食パンを口にすることができてうれしかったです。

蘇州市高新区に勤務先があり，徒歩15分圏内に公園，スーパー，ショッピングモール，病院など，生活するために必要なものがすべてそろっています。中国の学校では英語教育が熱心だと聞いていたので，お店などでは英語でも大丈夫だと思っていましたが，英語はあまり通じません。時々，英語が通じるパン屋や果物屋があるだけ。ただ，中国はスマホ社会で，食料品などはすべてネット注文して家まで配達してもらえます。「謝謝」，と言って配達される荷物を玄関で受け取るだけで，買い物は済んでしまいます。マンション，病院や銀行には日本語ができるスタッフが駐在していることと，日本人学校に勤務していた私は中国語ができなくても生活に支障はありませんでした。

ただ，帯同した二人の子どもたちは，学校で週に2回の中国語の授業があること，家では中国人のお手伝いさんと中国語でやりとりをしなければならないこともあり，中国語が上達していきました。家で，二人が中国語で会話をしている姿には，心底驚きました。服などを買いに行っても，お店の人とやりとりをするのは子どもたちでした。「どうしてわかるの？」と聞くと，「ちょうど授業でお店でのやりとりを勉強したところだったから」とのこと。学校で習ったことを，実際に使うことができる環境があることは，語学を習得するには不可欠な条件の一つなのだろうと思いました。

勤務先の日本人学校には，日本語だけではなく，中国語も英語もできる生徒が何人もいます。中国の現地校との交流では，3カ国語が飛び交い，生徒も刺激を受けたようです。また，外国語学校での交流で，ドイツ語の授業を体験した生徒は，3カ国語にドイツ語も加わり，教室はすごいことになっていたと話していました。

おわりに

とても広大な国，中国。国内の移動で，飛行機を使うことが多かったです。そんな中国でどこへ行っても，元気で優しい人々と出会いました。56の民族から構成される中国で，中国語以外の言語を話す人にも出会うことがありました。中国の人々は，とても優しいです。私のようにことばが通じなくても，人々の優しさは伝わってきます。中国で暮らして，わかったことの一つです。

CONTENTS

特集

自己表現の新しいかたち
〜学び合い，伝え合うことから深い学びへ〜

　新英研では 1960 年代後半に自己表現活動が実践され始め，1969 年に自己表現分科会が生まれました。以降自己表現の実践はますます豊かになり，その成果は百花繚乱。そしてコミュニケーション時代の今は，スピーチや意見文などの指導など，より意見発表・交流型の自己表現が活発に実践されています。「実生活の中で生きる者として」という原点に立ち戻り，学び合い伝え合うことから深い学びにつながる自己表現について特集します。巻頭論文では，これまで受け継がれ発展し続けている自己表現実践をトランスランゲージング教育の観点からながめ，差別や格差などの社会矛盾に直面する英語教育の方向性を展望します。小・中・高の実践論文では，あこがれの人についての発表，タブレットで写真を見せながらのスピーチ，字幕朗読劇，スピーチ中心の授業と振り返りレポートの実践を紹介します。

撮影者：糸井 康浩
撮影地：ザンビア最南部カズングラ

Lwindi というトンガ族の収穫祭にて。
トンガ族はザンビア南部を中心に，ジンバブエ，ナミビア，ボツワナに住む民族。
毎年 12 月にここカズングラに集まり，部族の長の前で歌やダンスなどを披露し，トンガ族のアイデンティティを確かめる。国境線なんてものは人の手によって引かれたものだということを強く感じた。

編集：新英語教育研究会編集部
デザイン・レイアウト：修学舎
© 新英語教育研究会

https://www.shin-eiken.com

新英研の入会が
オンラインでできる
ようになりました

「新英研」で検索, トップページ左のメニューから, 会の紹介
→入会 へ。そして中ほどの **新入会申込者用 Google フォーム**の
リンクをクリック。または, 右の**コード**からどうぞ。

【巻頭論文】

トランスランゲージング教育の観点から見る自己表現

戸出 朋子（とで・ともこ　広島修道大学）

はじめに

　近年，世界の応用言語学の学界では，「トランスランゲージング（translanguaging）」という用語を冠した発表が百花繚乱を呈している。トランスランゲージングとは，バイリンガルが，第一言語（L 1）・第二言語（L 2）の垣根を越えて，頭の中の言語能力総体，さらには絵・身体表現などを含めたマルチモダリティをフル活用して自己を表現することをいい，バイリンガルやマルチリンガルの人たちのコミュニケーションのありようそのものを指す（García & Li, 2014）。今，世界各地でこの概念を中心に据えた「トランスランゲージング教育（translanguaging pedagogy）」が実践されているが，元来トランスランゲージング教育は，少数言語の教育や欧米の移民のバイリンガル教育に端を発するもので，日本の外国語（英語）教育の文脈で話題に上りにくい。しかし，筆者は，トランスランゲージング教育と新英語教育研究会（以降，新英研）の自己表現の間に，根底に流れる思想の共通性を見出してきた。本稿では，1960 年代に実践され始め現在まで受け継がれ発展し続けている自己表現実践をトランスランゲージング教育の観点からながめ，差別や格差などの社会矛盾に直面する英語教育の方向性を展望する。

トランスランゲージング教育とは

　トランスランゲージング教育は権力者側からではなく社会の周縁に位置づけられた人々から発露した教育である（García & Otheguy, 2020）。たとえば，中南米につながる米国の子どもたち（スペイン語と英語のバイリンガル）は，英語のみを使うことが求められる学校では，自己のもつ豊かな言語資源の半分しか活用できず，言語上の問題，そして差別や衝突を経験する。同時に，彼らの話すスペイン語は，学校で習う標準スペイン語とも異なり，言語不安を経験する。そのような子どもたちを中心に据え，彼らの言語能力を丸ごと認め，その能力の拡張をめざす教育がトランスランゲージング教育である。

　トランスランゲージング教育では，授業の一場面で翻訳する作業もあるかもしれないが，従来の訳読法と同一視すべきではない。トランスランゲージングは単なる指導法ではなく，その根幹に社会公正（social justice）の思想があることを理解すべきである。トランスランゲージング教育では，学習者個々の生活経験，歴史，価値観が，L 1やL 2，そのほかのあらゆる資源を使って表現される。その表現が，母語話者や教科書といった外的な規範から外れていようとも，学習者自身の個人言語（idiolect）として認められる。内的な声の現れである個人言語を他者と共有することで，「トランスランゲージング空間（translanguaging space）」が生まれ（Li, 2011），その中で，教師・生徒という力関係を超えた共同学習（co-learning）が起こって教師も学び，新たな自分や集団へと変容する（Li, 2024）。

新英研の自己表現

　新英研の自己表現活動は，戦前や戦後の生活綴り方民間教育運動の流れを受け，教育の反動化政策の中で，1960 年代後半から1970 年代に英語教育実践の核として位置づけられた（新英語教育研究会,2009）。テスト偏重主義や子どもを取り巻く社会状況の悪さの中で，「生徒を主人公にすえる生き生きとした民主的英語教育のための愛情と工夫に満ちた実践」（新英語教育研究会，2009，p.15）が繰り広げられたのである。1970 年代の『新英語教育』誌には，心の荒れや学習の遅れで社会から見捨てられがちな生徒が本来もつ表現欲求や学習意欲が取り戻されるという実践が，数多く報告されている。権力側ではなく，

生徒に直接関わる教師から生まれたこの社会公正の思想は，新自由主義的教育観が蔓延する現代にあっても受け継がれている。

　自己表現活動は，感動を呼び起こす教材や自己関連性のある話題に基づいてなされ，そこでの表現は，生活実感に基づいたことばとなる。英語のみならず日本語や絵などの非言語も効果的に組み合わされることが多いが，その場合，個々のモードがバラバラではなく一体となって自己が表現されている。そのようにして用いられた英語は借り物ではなく，表現者自身の個人言語の一部である。

　『新英語教育』誌では，「日本語なら恥ずかしくて書けないようなことでも…英語で表現することによって，彼らの考えや感情が結晶化される」（西田，2023, p.15）といった考察が少なからずみられるが，これは，日本語で成しえない機能を英語が心内で担っていることを示すものである。言い換えると，英語も，児童生徒の個人言語の大切な一部であることを意味する。それが母語話者や教科書という外的な規範から外れていようとも，表現者自身のことばであり，「作品」として尊重される。

　そのようにして表現された作品は，クラスや校内で共有される。作品の表面だけでなく，その内側に込められた感情や人となりが共有されることになるのである。ここにトランスランゲージング空間が生じる。子どもの中に隠れていた新たな自己が表出し，そこからクラス集団も変容する。

おわりに

　本稿では，60年前に新英研で始められた自己表現実践が，多言語社会で生まれた現代のトランスランゲージング教育の思想に通じるものがあることを示した。前述したように，トランスランゲージング教育は，もともとバイリンガルである子どもたちの言語能力を最大限に伸ばすという思想から生まれた教育である。これが，モノリンガル志向性の強い日本の教育界で話題にされにくい要因であろう。しかし，習熟度にかかわらず，L2で自己を表現しているのであれば，その人はバイリンガルとしてみなされる。日本の学校で英語を学ぶ児童生徒を「新興バイリン

ガル（emergent bilingual）」と認め（戸出，2024），その自己表現を肯定的に受けとめ，弱い方の言語（英語）をさらに伸ばしていこうという姿勢を教師が示すことができれば，遅れがちの子どもの意欲も高まるであろう。さらに言えば，日本社会の中で見えない存在にされてきた外国につながる子どもたちも含めた自己表現実践，トランスランゲージング教育を推進する必要がある。そうした実践が，外国人嫌い（xenophobia）がはびこる社会に風穴をあけると期待している。

〈参考文献〉

García, O. & Li, W. (2014). *Translanguaging: Language, Bilingualism and Education*. Palgrave.

García, O. & Otheguy, R. (2020). 'Plurilingualism and translanguaging: Commonalities and divergences.' *International Journal of Bilingual Education and Bilingualism, 23 (1)*, 17–35.

Li, W. (2011). 'Moment analysis and translanguaging space: Discursive construction of identities by multilingual Chinese youth in Britain.' *Journal of Pragmatics, 43*, 1222–1235.

Li. W. (2024). 'Transformative pedagogy for inclusion and social justice through translanguaging, co-learning, and transpositioning.' *Language Teaching, 57 (2)*, 203–214.

西田陽子（2023）「「教育の目的」「外国語教育の4目的」を日々の授業の中に―目まぐるしさに押し流されず，北極星を目指そう」『新英語教育』2023年1月号．pp.14-15. 高文研．

新英語教育研究会（編）(2009)『人間を育てる英語教育―新英研50年のあゆみ』三友社出版．

戸出朋子（2024）「複合的言語能力を育てる」戸出朋子・西光希翔・石田崇（編）『大学で英語と向き合う―色とりどりの英語の世界』pp.51-62. ひつじ書房．

【実践小学校】

"あこがれの人"の発表で，思考力・表現力を大きく伸ばす
—授業づくりを成功させる3つの肝 (*Blue Sky elementary 6*)—

詫間 恵里子 (たくま・えりこ　埼玉・さいたま市立植水小学校)

はじめに

「思考力・表現力」を考えるときに，私が高学年のころお世話になった担任の先生を思い出します。先生は週2回大学ノートに日記を課しました。先生の率直な返事と時折紹介される友だちの日記から，考えさせられることがたくさんありました。先生は授業でも詩や百人一首などたくさんの暗唱を求め，弁論大会を行い，毎日漢字テストを行いました。いつでも学級を鼓舞する先生に対して納得できないときは，みんなで次々と手をあげ必死に自分たちの思いをぶつけました（先生は必ず受けて立ってくださいました）。今思えば，こうしたことも先生が意図されていたことだったのではと感じます。言葉を豊かにし，考えさせ，いつも子どもたちの意見のつながりやぶつかりあいを大切にされていた先生でした。

自分の実践はとても及びませんが，考えること，表現することは，人との関わりの中で深まる活動だと，体験として実感しています。

授業づくりの肝①　時間の確保

思考し表現させていくには，まとまった授業時間が必要です。つながりのある単元を続けて学習したり，短い単元を1つにつなげたりすることで，無理なく必要な授業時間を確保するようにします。指導計画を考えるときには，

●「多様な生き方への理解を深める」「小学校での成長を振り返る」など子どもに共感を得られるようなテーマであること
●表現を覚える，増やす，書く，聞いて理解できる，真似して使えるなど，学習が蓄積され，子ども自身が自分の伸びを実感できることを大切にしています。

たとえば，啓林館6年 *Blue Sky* では，Unit 5

「This is my hero. あこがれの人」，Unit 7「I want to be a fashion designer. 将来の夢・職業」の単元があります。この二つの単元で，人称，現在形と過去形，職業名，形容詞などを学習していきます。

昨今，学習をらせん状に繰り返すことが良いように言われますが，しっかりと理解することがないまま何度なぞっても，学習は定着しないと感じます。

授業づくりの肝②　母語での思考

「あこがれの人」や「将来の夢・職業」の発表で大切にしたいのは，職業名や技能だけでなく，その人物の生き方や人柄について，自分の思いを日本語で語ることです。実際に「プロ野球選手」になれる人は一握りですが，どんな生き方をしたいのかは，誰もが等しく追い続けられる目標となります。しかもきれいごとでなく，実際そういう生き方をした（している）人物がいるというのは，私たちの未来を励ましてくれます。

生き方を紹介するには，じっくり調べ学習を行う必要があります。子どもが選んだ人物は YouTuber であれ誰であれ否定せず，その人のどこに魅かれたのかを準備してもらいます。発表では複数の写真を提示させますが，伝えたいことが決まれば，選ぶ資料も定まります。真剣に調べたことは自然と熱が入り，クリアヴォイスやジェスチャーも全力で行いますし，皆も集中して聞くことができます。クラス全員の多岐にわたる発表を通じて，どの子も多様な生き方を知ることができます。

授業づくりの肝③　導入で誰を紹介するか

〈詫間による「あこがれの人」モデル発表〉
中村哲さん，GReeeN (Hide) の例
This is Nakamura Tetsu.

He was a doctor.

He made canals（水路）.

He could help many people.

He never gave up.

So, I respect him.

緑化した砂漠，水路づくり，死後現地で中村さんの切手や絵本がつくられたことなどの紹介。

This is Hide.

He is a doctor and a singer.

He can make a nice song.

He can make people happy.

He is kind.

So, I respect him.

楽曲紹介，東日本大震災で検死を担ったこと，ラジオ番組で語った思いなどの紹介。

写真資料は5枚前後。資料をデコレーションしたりせず，英語や説明（日本語）の理解を促すものを用意しました。紹介したモデル文は印刷して配り，児童の英文づくりの一助としました。He's など短縮形を使わず，現在形と過去形が比較しやすいようにHe is /He was としています。

人物	職業が わかる資料	生き方が わかる資料

（2, 3枚）

2校の ALT からは，長年フィリピンで青空教室を行っている教師や，歌手の宇多田ヒカルさんが紹介されました。特に ALT が宇多田さん自身のジェンダーの立場を尊重し，she でなく they を使って紹介していたのが印象的でした。選んだ人物からは ALTそれぞれの人柄や思いが伝わってきました。

子どもたちの選んだ人物の一部 （敬称略）

小林愛実（ピアニスト），ウォレス・ハートリー（タイタニック号のバイオリニスト），一ノ瀬メイ（水泳選手），村田基（釣り師），マザー・テレサ，オードリー・ヘップバーン，ファーブル，中村哲，ムツゴロウ，志村けん，杉原千畝，家族・友だちなど

児童の発表の実際

Hello. My name is ○○ .

This is Renshi Chokai. He is 24 years old.

He is a wheelchair basketball player.

He can ride fast. He is tireless.

So, I respect him.

「鳥海連志さんは，プロの車いすバスケの選手です。生まれつき指の本数が少なく，不自由な両下肢を切断して，また中1で始めた車椅子バスケでもレギュラーになれず，難しい生活を送っていましたが，辞めることなく東京パラリンピックで大活躍をしました。そんな努力するところを見て，根気強いなと僕は思いました。彼は今もなお，車椅子バスケットボール選手として輝いています」

〈授業後の感想〉

・自分の発表で人柄を表す言葉を考えるときに，自分にはない良いところを探すことができました。このようにほかの人の良いところもたくさん探したいと思いました。

・自分の知らない人物を友だちが紹介していて，こんな人がいるんだと初めて知った。

・同じ人物についてでも，共通点や相違点があり，写真も違っていて面白いと思いました。一つひとつ理由がはっきりしていてわかりやすかったです。

・尊敬する理由で多かったのは「誰かのために努力できるから」だと思いました。私も自分だけでなくほかの人のためにも努力できる人になりたいと思いました。

使われた語彙・表現はすぐに生かせる

後半の将来の夢・職業の学習では，使う表現がほとんど既習事項となります。後半の導入として，中村哲さんと歌手の Hide さんが同じ「医師」であっても，生き方が異なることを改めて紹介します。また，「尊敬したのは，こんな人」というプリントで，友だちの使った語彙を一覧にして配りました。

人柄については，あこがれの人と自分のめざす生き方とで共通する部分が出てきます。人を笑顔にさせたい，希望を与えたい，努力を続けたい，などの言葉を選ぶ児童が多く，聞く人の共感を得るものとなりました。

【実践中学】

タブレットで写真を見せながらのスピーチ
―話せた喜びをみんなで共有するために―

菊池 敦子（きくち・あつこ　東京・八王子市立加住中学校）

取組の目的

　子どもたちは教科書の単元ごとにさまざまな文法を学習していきます。その知識・技能を使って，自分のことを表現して初めて英語を使う喜びを感じられるのだと考えています。そこで，学習の到達度を確認する定期考査ごとにスピーチを設定し，クラスみんなが自信をもってスピーチができるように準備・練習を重ねています。小規模校なので一人で3学年を担当し，成長を見守っています。

（令和5年度に行ったスピーチテーマ一覧）

	1年生	2年生	3年生
1学期中間	自己紹介 (be 動詞)	レストラン紹介 (接続詞)	おすすめの歌
1学期期末	自己紹介 (一般動詞)	将来の夢 (不定詞)	おすすめの本
2学期中間	好きなキャラクター (代名詞，can)	行きたい国 (不定詞)	日本文化紹介
2学期期末	思い出紹介 (過去形一般動詞)	クラス調査 (比較級)	修学旅行の思い出
学年末	偉人紹介 (過去形 be 動詞)	都道府県紹介 (so that, too to)	尊敬する人物 (どう生きるか)

定期考査4週間前

　スピーチの下書きを授業で行います。自由に工夫してもらえれば一番ですが，苦手な子どもでも取り組めるように，私だったらどんなスピーチをするか例文を示します。書けたら教師に提出します。授業内で終わらない場合は，昼休みに図書室で支援を行い，全員が下書きを完成できるようにします。

　1文ずつ，一番伝えたい単語に〇，間を空けたいところにはスラッシュを，音調の上げ下げには矢印を，音が連結するところにも印をつけて，表現力を高める工夫を記します。

（見本としての教師による自己表現）

（3年生の最後の取組下書き）

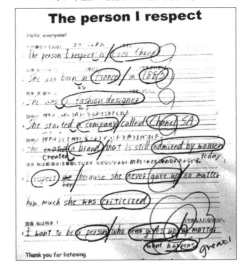

定期考査3週間前

　全員が下書きを完成させたところで，一斉に清書を作成します。タブレットが支給されてからは，タブレットを活用して清書を作っています。

　提出するものは2種類あります。一つ目は廊下に掲示するためにスライド1枚です。スピーチ全文とお気に入りの写真を添付します。慣れてきた子どもは，背景全面を写真に変えたり，字体を変えたり，写真を複数枚貼ったりと，自分らしさあふれる作品

が仕上がります。廊下に掲示することで他学年の子どもたちも楽しめ，子どもたちも先生も，給食支援員さんも廊下で立ち止まり，英文を読んでくださっています。

（掲示用スライド例）

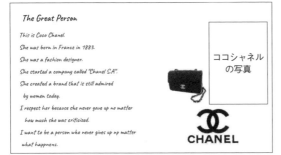

The Great Person

This is Coco Chanel.
She was born in France in 1883.
She was a fashion designer.
She started a company called "Chanel S.A".
She created a brand that is still admired
　　by women today.
I respect her because she never gave up no matter
　　how much she was criticized.
I want to be a person who never gives up no matter
　　what happens.

二つ目はスピーチのときに，見せながら発表するためのスライドです。1文につき，1枚のスライドを作るので，大体6枚ほどになります。1文ごとに英文に合う写真を見せることで，英文の内容がより聞き手に伝わり，クラスみんなで一人ひとりのスピーチに温かく耳を傾けています。

（発表用スライド例）

She was born in France in 1883.
［1883年　フランスのソミュールで生まれる］

ソミュール

定期考査2週間前

ここからは，毎時間に帯学習として声に出す練習（1分）と書く練習（5分）を取り入れます。毎時間声に出すことで英語の音が体にしみこみ，定期考査に

Certificate

ココシャネル
写真

**You are the best speakers
in the English Speech Contest
held on February 28th, 2023
at Kasumi junior high school.**

（表彰状）

も表現問題として出題しているため，本番までには多くの子どもが自信をもって書けるようになっていきます。その際，間違えて覚えていないか，毎時間書いたものを，私が採点し返却することを繰り返していきます。返却されて花丸がついていると子どもたちはとても喜んでくれ，また定期考査への自信も高めています。

定期考査後いよいよスピーチ本番

どの子もドキドキして本番を迎えています。毎回，出席番号のくじを私が引いて順番を発表します。発表中は聞くことに集中できるよう，評価用紙に記入します。全員が終わったら，振り返りとして「友だちのよかったところ」「次回意識して頑張りたいこと」を書いてもらいます。最後に，どの子もよく頑張ったけれど，その中で特に素晴らしかった人3人を投票してもらい，次の授業で表彰することにしています。そうすることで友だちのように次回も頑張りたいとさらなる目標をもってもらいます。

（1年生：友だちのよかったところ）
・みんな声が大きくて，はきはきしていたので，ベストスピーカー3名だけじゃ足りなかったです。
・明るくジェスチャーができる人がたくさんいた。

（3年間のスピーチを終えての感想）
・1年のときよりどんどん上手になって，振り返るとこんなにたくさんのスピーチをしていてびっくりした。
・3年間でさまざまなスピーチをして少しずつ英語で話せるようになっていた！
・みんなの好きなことを知れてすごく楽しかった！

おわりに

取組を振り返ると，このスピーチを柱にして授業を作っていたことがわかりました。そして一番大切にしたいことは，①音声による自己表現で自分を語れるようになること，②互いのことを知り合い，英語をとおしてもっと仲良くなって，よい人間関係を築いていくこと，③書くことも覚えることも大変なことだけど，努力をすればできるようになることに気づき，学習に前向きになることだと気づきました。今後も子どもたちに寄り添い授業を行いたいです。

【実践高校】

字幕朗読劇に取り組んで
「記号接地」をめざして

小川 弘義（おがわ・ひろよし　新潟・十日町高校松之山分校）

はじめに

選択科目「教養英語」（12名）で，オー・ヘンリーの *The Gift of Magi*（賢者の贈物）を読んだ。リトールド版（山口書店刊）であっても，物語も人物の言葉も鑑賞に値するもので，パフォーマンス課題として，前年度は暗唱をさせようとして失敗しており，暗記の要らない「リーダーズシアター」をしてみたいと思った。

しかし，不登校経験があり対人緊張が強い生徒は，リーダーズシアターのようなライブは拒否感が強い。そこで，かつてよく行われていた「カセットスピーチ」をヒントに，録音による方式を考えていたところ，「パワーポイントに音声を埋め込むことはできる」と聞き，人前に出なくて済み，録り直しのできる「日本語字幕を使った朗読劇」に行きついた。チャップリン映画などで，日本語字幕だけの画面に英語音声が流れる，あのイメージである。

授業のねらい

ディベートなど自由な発話ができる集団ではない場合，どのような音声表現活動があるだろうか？「なりきり音読」という活動があるが，自作の英文でなくとも人物の「台詞」や作者の「語り」を読み取って，感情や解釈を乗せて朗読することも，広い意味で自己表現の一つであると思う。

ただ，朗読劇をするからには，鑑賞に値する作品でなければならないし，小学生の国語教材「ごんぎつね」や「大造じいさんとガン」のように，物語自体が生徒の心を揺さぶり，内面に残るものでありたい。読み継がれてきた『賢者の贈物』は，それらに十分ふさわしい内容をもっていると考えた。

この活動をとおして願うのは，音声化されたときに立ち現れる物語を味わうことと，全文は無理でも，自分の台詞だけは文型をつかみ，語句の意味を認識した上で朗読してほしい。そして何よりも，英語が抽象的記号ではなく，生きて働くことばなのだと実感できること（「記号接地」）である。どう読んだら人物の心情や場面にふさわしくなるかを考え，声に表してほしい。そのような願いをもって臨んだ。

準備と上演

① テキストを第1幕〜4幕に分割し，生徒をグループ分けした。

② 台本となるプリントを用意。各英文に番号を振り，右側に（　　）を設けて「誰が読むか」を話し合って決めさせ，記入させた。

```
1. "You've cut off your hair?"        (      )

2. "Yes.   Cut it off and sold it,"  (      )

3. said Della. (      )

4. "Don't I look just as pretty as before?  (      )

5. I am still me, with or without my hair."  (      )

6. Jim looked about the room. (      )

7. "You say your hair is gone?" (      )
```

〈グループ練習用プリント（イメージ）〉

③ 1グループずつ別室でパワーポイントのオーディオ機能を使って録音。

〈録音風景〉

> 「私、髪を切って、売ったの。
> 私にできる最上のプレゼントを
> あなたに買いたかったのよ。」

〈スライドイメージ（切替時に音声が自動再生）〉

勤務校では 12 月に学校行事「体験活動発表会」があり，総合探究や職場体験の内容をプレゼンテーションする機会がある。教科で発表できる機会としてこれを利用した。体育館でスクリーンを使って，スライドショーの形で朗読劇を上演した（約 20 分）。

また，2 年生は冬休みに読んだオー・ヘンリーの『最後の一葉』を，前述のような準備と指導の後，「論理・表現」の一環として朗読劇にし，3 月に教室で電子黒板を使って上演した。

取り組んだ生徒の声

（3 年生）

「声が小さかった」

「自分の声が流れたとき，恥ずかしくて逃げ出したかった」

「かなり読めたと思う」

「自分なりに表現できた」

（2 年生）

「意外とミスがなくすらすらとできていた」

「役の気持ちを考えながら，声量の強弱を調整して録音した」

「自分だけ声が小さいことが気になった。もっとできたのではないかと思った」

「あれがベアマンの傑作だった，のところがすごく心に残った」

「今回の *The Last Leaf* で自信もついたので，次のパフォーマンス課題も最大限がんばりたい」

「しっかり強弱をつけて，感情を表現できるようにしたい」

取り組んで困難だったこと

3 年生は実際のところ「やりたくないが期末テスト

の代わりだから，仕方なくやった」という生徒がほとんどだった。しかし発表会終了後，「君たちは『先生につき合わされた』と思っているだろうけど，それでも『やってよかった』と思っている部分が 1 割くらいあるでしょう？」と問いかけたところ，まんざらでもない表情が見て取れた（上演の後で，「〇〇，よく読めていたな。すごいな」という会話が生徒間でされていたとのことである）。やはり，生徒が乗り気でなくても，「これは必ず有益な学習になる」という確信に立ち続けることは，苦しいが大切であろう。難しそうに見える課題にも，指導を受けながら「やってみたらできた」「やってよかった」と思える経験を重ねて，人格の発達，成長があるのだと思う。

反省・展望

発表会アンケートから「物語に合うような音楽があればよかった」とあったので，3 年生ではできなかったが，2 年生では何とか簡単に入れてみた（バッハの管弦楽組曲）。すると，音楽があることにより物語が生きてくること，音楽の有無は鑑賞に大きな違いが出てくることに気づいた。

生徒同志で「強弱や速さなど，どう読んだら人物や語り手の心情をよりよく表現できるか」を話し合わせれば，生徒のモティベーションも上がっただろう。しかし，個々人が自分の割り当てをつかえずに音読できることに終始してしまったし，それだけで精一杯で「読み合わせ指導」ができなかった。

考えてみると，非進学校の生徒は自分の英語発音を人に聞かれることへの抵抗感・不安感が強い。進学校に授業見学に行った際，Buzz Reading をしている生徒たちに驚いたが，Buzz Reading という活動が成立するのは，自分の発音が聞かれても構わないと思える，英語にある程度自信のある生徒集団であろう。だから，日ごろからペア音読やグループ音読，コミュニケーションタイムなどを継続的に行い，英語発音への情意フィルターを軽減して，互いの発音を受け入れ合う素地ができるように努めたい。

進級した現 3 年生で，期末考査後，新しい朗読劇に取り組みたいと思っている。

特集

自己表現の新しいかたち ～学び合い，伝え合うことから深い学びへ

【実践高校】

スピーチで自分をみつめ，世界を広げよう
～「声に出したことばのもつ力」に出会った生徒たち～

間賀田 一江 （まがた・ひとえ　東京・高校）

卒業生を送り出し，担任も外れたある年，3年生向けの選択講座「実用英語」を受けもった。内容は担当者の自由だ。「英語を楽しく学びたい」「英語は苦手だけど，話せるようになりたい」という生徒たち。うん，みんなで英語を話そう。何を話そうか。

まずは自己紹介

推薦での大学受験が多いわりに，うちの生徒たちは日本語で面接練習をしていても自分の長所がなかなか言えない。英語の力を借りて，自己主張できるようにしちゃおう。目標は10文で自己紹介！

① Hi! I am _____ _____ . （氏名）

② Call me _____ . （呼び名）

③ I am from _____ . （出身地）

④ I like _____ . （好きな食べ物）

⑤ I feel happy when I am –ing _____ .
（幸せなのは，～しているとき）

⑥ It is fun for me to _____ . （楽しいのは～）

⑦ I am good at –ing. （得意なのは～）

⑧ I have been –ing for _____ years.
（ずっと続けているのは～）

⑨ I would like to go to _____ . （行きたいのは）

⑩ I would like to _____ .
（したいこと／なりたいものは）

最初の時間は①から④までを，隣同士のペアで練習。毎週ペアを替え，ALTや私も参加して，2学期間かけて徐々に文を増やしていく。だんだんと緊張もほぐれ，笑顔が増えていくのが嬉しい。

周りの人とつながり，世界を広げる

自分自身をよくみつめ，周りの人々とつながり，自分の世界を広げられるようにと願い，スピーチ中心に授業を組んでみた。

選んだ題材は：

〈1学期〉

1. **My Name** （名前の由来，文字のもつ意味）

2. **My Favorite Word/Proverb/Saying**
（好きな言葉／ことわざ／名言）

3. **My Favorite *Kanji*** （好きな漢字）

4. **My Favorite Place/Event** （好きな場所／行事）

5. **My Treasure** （私の宝物）

〈2学期〉

6. **"I Have a Dream"**
キング牧師の演説の抜粋を2カ月かけて音読練習し，グループで発表

7. **In order to build peace it is important to ～ .** （平和を築くために大切なのは）

〈3学期〉

8. 「10文自己紹介」

My Name の発表を終えて

最初の My Name の発表が終わった途端，一緒に聞いていた ALT が，興奮して片言の日本語で私に話しかけてきた。「日本語の名前，素晴らしい。ぜんぶに意味がある。漢字の勉強，難しい。イヤだった。でも，もう漢字大好き！」そして，生徒に向けて，やさしい英語で心をこめてほめてくださった。まだ自信がなくて声も小さかった生徒の発表に，こんなに感動してもらえるなんて！伝わったことが，ただただ嬉しい。

最初のスピーチで見えた課題と改善点

3文～5文程度だが，英語も人前に立つのも苦手で，原稿づくりからつまずく生徒たち。大丈夫，一緒にやろう。**Help each other!**

1. 何を書いていいのか，日本語でもわからない
　・周りと相談タイムを設ける

・教員がインタビューし，話題を引き出す
2．自分で英文を作れない
　・スマホで翻訳アプリの使用 OK
　・最終チェックは必ず教員がやり，シンプルで，耳で聞いてわかる英文にする
3．声が小さい
　・以下の「発声三原則」を毎回全員で確認
　Loudly（相手に届く，リンとした声で）
　Kindly（笑顔で，相手と目を合わせて）
　Clearly（口を大きく開けて，ゆっくりと）
　・練習を丁寧にする
　個人練習→ペア練習→ペアを替えて練習→グループ内で発表→クラスの前で発表
4．聞く側は英語がわからない
　・全員が書く「評価シート」に，スピーチの内容を日本語で載せる
5．発表中の私語
　・「評価シート」に「振り返り」の欄を入れる
　・「好きな場所／行事」「私の宝物」では，全員に画像や実物を見せることを課す

効果はてきめん　1学期末の生徒の感想

「話したことがない子たちの好きなものを知るのがおもしろかったし，相手の話している内容を聞き取って理解することが楽しかったです」

「『宝物』という一単語なのに，みんなまったく違う物だったり，理由だったり，思い出だったりで，極端だけどその人の人生を見ているみたいだった」

さらに世界を広げるために

以下は授業内で扱ったもの
・今月の歌（毎回授業の始めに全員で歌う）
　"Imagine"，"Fight Song"，"Brave"，"Dragon Night" など
・動画：TED TALK 植松努「思うは招く」，
　アメリカ公民権運動 "Little Rock Nine"
　"I Have a Dream" など
・映画：*Green Book*
・海外への発信：Holiday Card Exchange Project，Sadako Peace Cranes Project
・新聞記事（クラス全員で一人1文ずつ回し読みし

て，コメントを書き提出）
・英語通信（スピーチの感想，映画，動画，新聞記事に対するコメントなど，なるべく全員分載せる）
・ALT との英会話（毎回グループ単位で3～4分）

最後の「振り返り自由レポート」から

1）できるようになったこと

「最後の最後で緊張せずに発表することができました。そして，ほかのところでも緊張せずに発言できるようになったり，暗記力が向上していて自分でも驚きました。外国との交流でたくさんのお手紙を読みましたが，みんな英語の字や，絵が上手でした」

「努力したことは，『言葉に感情をもたせる』ことです。オバマやキング牧師のスピーチからは，わからない言葉があっても感情がのっていて，伝えたい部分の重要性や考え方が伝わってくると感じた。そしてかっこいいと思えた。私も『同じことができるようになりたい』と思った」

2）学んだこと

「King 牧師のスピーチを見て，声の強弱で心情が表されていて切なくなった。間の取り方がとても上手で内容がしっかりと入ってきた。人種差別で苦しんでいた人々を想像して胸が痛くなった。歴史に根付いたモノを変えていくのはたいへんなのかもしれないけれど，過去にとらわれないで，自分たちで善悪を決めて，物事の当たり前を変えていかないといけないと思った。演説を見て，声をあげること，意志を表明することの大切さを学んだ」

「自分の『平和を築くためにたいせつなこと』をスピーチした。それぞれがちゃんと自分の意見をもっていてとても素敵。これで平和がすべての国において築けたらと思った」

おわりに

レポートから，生徒たちが「声に出したことばのもつ力」に出会ったことがわかった。人前で声を出すには勇気がいる。でも，声を出すことで人とつながることができる。そして，人の声に耳をすますことで，考えが深まり，世界が広がってゆく。そんな授業を一緒に作ってくれた生徒たちに，心から感謝。

自己表現の新しいかたち 〜学び合い，伝え合うことから深い学びへ〜

新英語教育研究会 第60回全国大会（宮城）
［新英研分科会基調］

基調検討委員会

Face to Face の良さが体感できる分科会づくりを！

　今年はコロナ禍明けで初めての，対面（会場）参加を基本にした大会が開催されます。初日は記念講演と校種別分科会・現地主催のワークショップを予定しています。2日目は10の分科会を7つに改編した新英研分科会になります。東北ブロックの皆さんの熱い思いを実現した現地会場で，震災から13年の年月に思いを馳せつつ，今の厳しい世界情勢，学校現場の状況の中で，どんな実践が行われているのかを，会場の息吹と共に，参加者の皆さんと大いに，語り合い，学び合い，深め合いたいと思います。

　レポート概要は新英研大会ホームページをご覧ください。

（研究部長：吉岡）

1．小学校・中学入門期

① 佐々木 典子（青森・中）
　「何？ やってみよう」を子どもたちにつなぐ英語絵本
② 坂本 ひとみ（東京・大）
　Living Together, Helping Each Other

　本分科会は小学校英語および中学校の入門期を対象とした授業実践の報告で，今年度は中学校と大学の教員養成の報告です。①はボランティアで行っている絵本の読み聞かせにヒントを得て，学級崩壊気味の子どもたちも引き込めた英語絵本での取組の報告です。②は東日本大震災後に日本とトルコの小学生を結びつけた実践，今年の能登半島地震で石川県とネパールの子どもたちをつないだ実践などを報告してもらいます。

　討論では，この二つの実践の示唆を受け，小学校や中学校の入門期でどんな実践が求められているのか考えたいと思います。合わせて小学校において新しい教科書での1学期を振り返り，来年度使用される中学校の教科書についても触れられたらと思います。

（文責：瀧口 東京・大）

2．教科書・（自主）教材と読み取り

① 松本 志津子（京都・中）
　点を線に！教科書を立体的に使ってみる！
② 川村 詩織（大阪・高）
　教科書から自己表現につなげる

① 教科書の各単元末の activity の指導で，学習内容の定着や積み上げが難しいという課題解決のため，4技能を統合した長期的な視点をもった学習活動の報告です。

② 日々の授業の中で，英語が苦手でも一生懸命自分の言葉で本当に伝えたいことを伝えようとする熱意や伝わったときの喜び，そんな生徒たちの声にあふれた実践報告です。

　「教科書で教える」ために素材としての教科書をどのように調理加工し，生徒に味わってもらい，消化するところまでもって行くか？ そのためにレポーターと参加者みなさんで，大いに知恵を出し合い，経験談，失敗談，希望を語りましょう！ 9月からの授業が楽しみになるような交流，議論ができたら，と思います。みなさまのご参加をお待ちしています！

（文責：植野 埼玉・大）

3．英文法をどう考え，どう教えるか

① 小笠原 孝司（北海道・高）
　反復と定着を見据えて～分詞構文の学習を例に～
② 池田 真澄（東京・中高），大越 範子（東京・中）
　どの子もわかり使える仮定法の教え方とは？

　大学入学共通テストから文法・作文問題が消え，中学校の教科書に「仮定法」が登場する一方，「コミュニケーション重視」の指導要領下，明示的文法指導が減少し，ALL ENGLISH の授業を求められるなど，現場に混乱をよんでいるが，本分科会はあくまでも生徒の目線に立った実践を追求していきたい。

　本年は，高校からは外国語の定着に重要な反復練習を飽きさせずに取り組ませるための，IT機器を使った授業実践を取り上げる。その内容はIT機器

なしの環境にも共通するだろう。「仮定法」のレポートでは中学・高校の2人のベテランのコラボレーションレポートを検討する。中高の双方向で仮定法の本質や授業のあり方を考えていきたい。

（文責：花田　東京・高）

4. 自己表現・コミュニケーション

① 木戸 正大（北海道・中）

　　自己表現に自信をもたせるための音声指導とは

② 小川 弘義（新潟・高）

　　朗読劇の取組 ―「記号」から「ことば」へ

　この分科会は以前の「自己表現」と「音声」を扱う分科会が一体化したもので，中学と高校の実践が報告されます。①は，すでに行われているが文字や書くことにつながっていない小学校英語をどのように自己表現に導くかを課題にした実践です。②は朗読劇を録音する実践で，英語が苦手な生徒にも記号ではなく「ことば」である英語を体験してもらうことをねらいとしています。

　自己表現ができてこそ英語を学ぶ意味が実感できます。子どもたちが本当に考えたこと，感じたことを，どのような工夫で表現してもらうのか，レポートを通じて研究します。　（文責：池田　東京・中高）

5. 学力と評価・遅れがちな学習者とともに

① 安部 直子（東京・中）

　　自己表現とコミュニケーションで自走する学力・評価を

　自己表現で仲間とつながり合う中で，基礎学力構築と自己表現の基礎を築き，あとは生徒が自走できるように促していくという中学レポートです。「学力と評価の分科会」で長年研究を重ねた安部直子さんがさまざまな実践を紹介されます。

② 中西 毅（和歌山・高）

　　高校三観点評価をやりすごす学習者中心評価の模索

　ジョン・レノンの "Imagine" を教材に使った実践を例に，「高校教育3観点評価」を上手にやり過ごしつつ，「ガラス張りの平常点」「質は点数化しない」「評価の最終目標は生徒による自己評価」などの考え方をもとにした，学習者のやる気を喚起するさまざまな評価方法の工夫が提案されます。

（文責：安野，小美濃　東京・中）

6. 仲間と学ぶ協同学習

① 沖浜 真治（東京・高）

　　高校演習スタイル授業での協働学習の可能性を探る

② 山内 紳一郎（福島・中）

　　「学びの共同体」の学校づくり・授業づくりの実践

①「論理・表現」授業の文法項目のまとめの授業は，説明と演習問題答え合わせ中心の受け身的なものになりがちです。生徒たちが主体的に学び表現できるための工夫，表現発表活動などを報告します。

②　研修主任として，全校で協同学習を進めるためにどう研修を行っているか，また，英語授業で「主体的・対話的で深い学び」を実現するためにどんな取組を行っているかを，理論と実践の両面から報告します。

　レポートに学びながら，生徒たちが協同的に学び伝え合う，英語科としての深い学びのあり方を研究していきます。　　　　（文責：根岸　埼玉・元中大）

7. 平和・環境・人権・SDGs の教育に取り組む

① 大田 貴之（福岡・小）

　　小学校で Peace Project 平和への思いを折り鶴に

② 石森 広美（北海道・大）

　　小中高をつなぐ地球市民を育むスモール・トークの提案

①　修学旅行を中心に，総合的な学習や授業でさまざまに扱った「平和」。新英研の仲間のアイデアをもとに，6年生終盤に学年7クラスで行った外国語科の授業での Peace Project の実践を紹介します。

②　授業の5〜10分程度を使い，英語でやりとりするスモール・トークに，平和・環境・人権・多文化共生などの視点を加えることで，生徒の地球市民資質が涵養されるのではないか。小学校高学年から，中学・高校との接続も視野に入れた会話例や素材を検討します。

　泥沼化するロシアによるウクライナ侵攻「天井のない監獄」ガザへのイスラエル軍の容赦ない攻撃，ミャンマーなど，軍事独裁下に苦しむ人々。世界には憂うべき状況があり，日本でも，軍事費の増大や南西諸島の軍事基地化が進んでいます。新英研が培ってきた，戦争や差別，人権侵害などに抗する平和教育の取組として，何が可能かを共に考えましょう。　　　　　　　　（文責：菊地　埼玉・大）

羽毛恐竜ヴェロキラプトルの復元
～教科横断的授業実践～

乾 まどか （いぬい・まどか　大阪・大阪教育大学附属高等学校天王寺校舎）

はじめに

コロナ禍の3年間が過ぎ，令和5年度からは行事も以前のものとほぼ同じものになってきた。卒業式や入学式の代表生徒の話にも必ず「中学校の3年間はコロナ禍で行事も行われず，…」と始まるが，「そのような中で楽しみも見つけられた」と生徒たちは言う。そこに余儀なく与えられた環境を受け入れ，過ごしている生徒の姿にこれからのVUCA（volatile, uncertainty, complexity, ambiguity）な時代に生きていく生徒の力強さと予期できぬ環境で生きていかないといけない生徒に求められる資質・能力の必要性を感じる日々である。

本校の教育方針には，1）自主自立，2）ホンモノ体験から学ぶ，というものがある。高校2年生までカリキュラムは全員が必修である。特に，物理，化学，生物，地学を高2までが全員が必修，高3になって初めて選択科目を履修する。

英語科の取組

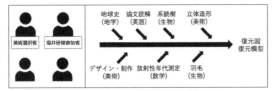

図1　グループ構成と授業の流れ

令和3年より本校では，教科横断的授業の取組を行っている。令和5年の取組は，高校1年生を対象として，英語，理科（地学・生物），数学，美術で教科横断的授業を行った。準備を1学期よりスタートし，9月に入り，各教科で授業実践を行った。テーマは，「羽毛恐竜ヴェロキラプトルの復元」である。ここでは，どの教科でも同じグループ（図1）で協同学習を行うこととした。英語コミュニケーションIで，教科書 *Heartening English Communication I*（桐原書店）Lesson 6 "Could We Have a Real Jurassic Park?" を扱った。

Scanning と Retelling をすることを主に行ったが，恐竜のDNAから恐竜の再生が可能かどうかという内容である。論理表現Iで導入として，映画『ジュラシック・パーク』の冒頭部分の琥珀から恐竜のDNAを採取する場面を聞き取りながら，内容理解を行った。

図2　配布プリント

生命工学に関連する語彙や文法を生徒に習得させることに加えて，科学論文の読解に取り組んだ（ホンモノ体験その2）。論文では受動態が多く出てくる。9月に受動態の文法を学んだ後に論文内での使われ方に焦点を当てた。

ホンモノ体験～その1～

「Geological Time Travel」という研修（1泊2日）を立ち上げた（参加希望者44名）。せっかく福井県に行くのだからと，盛りだくさんの計画（図3）を立てた。鉄道マニアの生徒にとってはサンダーバードに乗る喜びから始まった。計画そのものが教員た

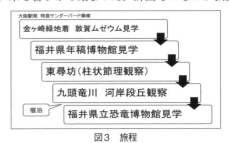

図3　旅程

ちの楽しみにもなっていた。

金ヶ崎緑地では，3学期に扱う杉原千畝について，また，年縞博物館では地層から過去の地球環境を知ることができることなどを学んだ。東尋坊，九頭竜川では地学の学習を行った。恐竜博物館で学芸員の方から展示に関する工夫や福井県近辺での発掘作業について話を伺った。

ホンモノ体験～その2～

生徒たちの将来を予測し，研究者として辿る道を想定した計画を立案した。リサーチラボノートを一人1冊配布して，復元や地球科学研究に関する情報を博物館訪問やテレビ番組の視聴を促し，集めさせた。論理表現Ⅰの授業で，地学教員より英語科に与えられた英語論文2種を使って4人1グループで段落ご

図4　Padlet

とに理解する作業を行った。Padlet とは，コンテンツを整理・共有できる視覚的なボードであり，それぞれのコメントだけにとどまらず，写真や説明をそこに貼ることができる。日本語訳だけではよくわからない内容も視覚的な補助を得て，他者へ伝えやすくなる。生徒の学力より少し高いレベルの教材を扱い，さらに深く探求する内容を扱う際に役立つものだと考える。最後には，生徒はそれぞれの班で，作製指示書を完成させ，美術選択生徒がその指示書に従って，恐竜の模型を仕上げた。12月に研究発表会として4クラスが講堂に集まり，ポスター発表を行った。その後，英語科ではレポート（図5）を提出させた。

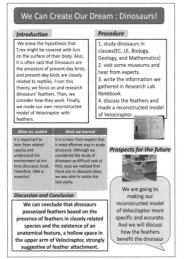

図5　生徒の提出したレポート

まとめ

授業立案には，他教科教員との対話の中でいかに自分の授業内で何ができるのかを考えさせられた。英語科の教員は理科的な内容がわからず，特に専門用語の知識が必要になる。理科教員は最先端の論文を扱うには英語力が必要になってくる。生徒の思考の流れを優先し試行錯誤する中で，同僚性が育まれていたことに気づかされた。

理科・数学の教科書で扱う題材は答えが既知であるものがほとんどである。柔軟性や失敗の耐性が弱い，受け身な生徒たちの姿勢を揺さぶり，社会との対話や世界との対話をとおしてさまざまな分野へ関心をもって学び続ける姿勢を育成することが高等学校の使命であると考える。複数の教科・科目での学びを transfer（転移）できる能力，統合できる力，また正解のない復元画の作製は知的な発見や創造の面白さに触れ，泥臭い姿勢で学問の本質に触れる機会だと感じた。解を得るまでに長い時間を要し，さまざまな文献にあたることも体験させた。そのような過程は，一人より複数名で実施することにより，大変さと楽しさの中で，互いの長所と短所を見極めることで学びの相乗効果が得られる。生徒からは，「より多くのホンモノ体験の中で多くのことが仲間と楽しく学べた」との感想が多数あった。

おわりに

本研究の一部は，財団法人青松会中学高校新教育研究助成および武田科学振興財団中学校・高等学校理科教育振興助成の助成を受けて行ったものである。

〈参考文献〉

Heartening English Communication I（桐原書店）

Alan H. Turner, Peter J. Makovicky & Mark A. Norell（2007）"Feather Quill Knobs in the Dinosaur Velociraptor" *Science*

Jake Buehler（2023）"T. rex may have had lips like a modern lizard's" *ScienceNews*

わたしたちは時空をこえてつながっている
教育の共同性を求めて

淺川 和也 （あさかわ・かずや　埼玉・フリー）

はじめに

自分は，どこから来て，何をして，どこにいくのか。過去と未来，世界とのつながりに思いをはせる。極微と極大，わたくしは宇宙とも，教室での機微も，社会とも世界ともつながっている。

量子力学では

グローバル教育の先駆者 D. セルビー（Selby）に「環境教育の量子モデル」という論文がある。量子理論というと縁遠いものと思うが，量子理論の知見は，わたくしたちの生活に欠かせないスマートフォンをはじめとする技術革新をもたらしたといわれる。量子理論は，ものごとが主体をはなれて存在するのではなく，主体の意識によってあらわれるとする。真理は客体として存在するというアインシュタインに，「人が見ていないとき，月は存在しない」とタゴールはこたえたという。密教の真理を伝える曼荼羅に，ミクロ（部分）がマクロ（全体）であると示されるように，すべてが連関している。教育にあてはめれば，知識は知識としてあるのではなく，知識はわたくし（たち）の認識・身体をへて，みずからのものとなるのであろう。

教育改革は回帰する

戦後，米国のデューイをはじめとする生活に根ざす教育実践がなされた。しかし，這い回る経験主義として退けられたが，民間教育研究団体では，子どもたちの生活に根づく表現活動や，価値のある教材づくりが追求されてきている。

他方，昨今の教育改革では「主体的・対話的で深い学び」が求められるとされている。これは，OECD による以下の4つのグローバル・コンピテンシー（Handbook-PISA-2018-Global-Competence）にもとづくものと思われる。

1）地域，地球規模および文化にかかわる重要な問題や状況を省察する力，
2）ことなる視点や世界観を理解し認める力，
3）国や民族，宗教，社会，文化的背景およびジェンダーをことにする人びとと，よりよく交流する力，
4）共同体の幸福と持続可能な開発のために行動する力

さらに，SDGs（持続可能な開発目標）の目標4.7 にある「持続可能な開発のための教育や，持続可能な生活，人権，ジェンダー平等，平和および非暴力文化の推進，グローバル・シチズンシップ，文化多様性と文化の持続可能な開発への理解の教育をとおして，すべての学習者が持続可能な開発を促進するために必要な知識およびさまざまな力を習得できるようにする」ことと呼応する。

SDGs は 2030 年までに目標を達成するよう国際社会が一致して取り組むとされ，このごろよく耳にするようになったが，政府・財界がビジネスチャンスとして，とらえてのことであるとしたら，本来ではないように思える。よりよい社会は，一人ひとりの幸せからなるのであり，地球にある山川草木すべてが将来にわたって，共にあるということの大義を見失ってはならない。

外国語教育ともおおいに関係するユネスコ国際教育勧告（1974）も 50 年をへて「平和と人権，国際理解，協力，基本的自由，グローバル・シチズンシッ

プ，持続可能な開発のための教育に関する教育勧告」として改訂された。外国語の学習をつうじて，共同で地球的課題をみいだし，探究し，何らかのはたらきかけをおこなうことができたらよい。パフォーマンスは，知識やスキルを活用するものとされるが，プロジェクト学習（PBL）などが，たんに成果を求めるにとどまるとしたら，ざんねんなことだ。

1970 年代，米国において，K. グッドマンらによるホール・ランゲージという運動があった。知の獲得は，個々の知識ではなく，総和によってなされるものとされる。教科横断的に，またテーマを単元とするところから CLIL（内容言語統合型学習）とも類似するように思われる。

たまたま英語

中学高校の授業に英語があった。授業時間以外でも，相当の時間を費やした。大学では，英語を学ぶというよりは，宗教人類学の文献を英語で読んだ。世界仏教徒会議があり，学生ボランティアを養成するというのに応募し，アテンドしたりする機会を得た。また仏教を英語で学ぶという講座の手伝いをしたりした。英語学や英文学を学ぶことなしに，今に至るわけで，国際会議などでも，発表をしたり司会をしたことがあったが，ずっと中途半端であったことはいなめない。英語での会議を進行する（スピーキング）ことも定型句を知っていれば，難しくはない。相手と共有すべき前提があり，問いをもって聞くこと（リスニング），つまり内容がより大切だとの実感がある。

英語教師であれば，誰しも，生徒から「なぜ英語なのか，英語を学ぶ理由は」と問われたことがあろう。この問いに，英語が世界中で使われているとか，将来，役に立つとか，と説くことが，一般ではなかろうか。しかし「グローバル人材」として必要とされるのは，英語なのかどうかも，疑ってかかることが賢明だ。さまざまな場で英語が必要とされるのは事実だが，非母語話者による英語が圧倒的に多い。英語話者で 4 分の 3 は英語を母語としないといわれる。英国や米国での規範を目標として学ぶことや，測定

するのには限界がある。

中学高校やほかで注力をした外国語が英語だったので，とくだん英語である必然はない。むしろ英語力で秀でるのは至難の業で，稀少外語であれば，より重宝されるかもしれない。

ガンジーは，植民地支配からの独立にあたって英国よりもたらされた教育からの脱学習（アンラーニング）を説いた。近年，学びほぐしともいわれている。これまでの教育を手放し，試験のための呪縛からの解放がのぞまれる。

共同の知を求めて

再度，部分が全体であり，全体が部分であるという視座に戻る。子どもの学びは，あらゆるかかわりのなかで，なされるものであろう。場によって，言葉がもたらされたという瞬間を経験したことはないだろうか。集団的な学びも，民間教育団体によって追求されてきた。ワークショップやファシリテーションのすすめかたが，学びの場づくりに有用だとされるが，再度，集団づくりについてもあらたな光をあてたらよい。

協働のとりくみでは，わたくしのみならず，その場から力を得るという作用があるように思う。言語学習においても，音と意味との統合がなされ，さらなる世界がひらかれ，身体をつうじた表現が共同の場でなされることで，総合知となる。

最後にユネスコによる学習権宣言をあげる。

学習権とは，読み書きの権利であり，問い続け，深く考える権利であり，想像し，創造する権利であり，自分自身の世界を読み取り，歴史をつづる権利であり，あらゆる教育の手だてを得る権利であり，個人的・集団的力量を発達させる権利である。

〈註〉
ゾラン・ニコリッチ（著），山越康裕，塩原朝子（監修）（2022）『あなたの知らない，世界の希少言語：世界 6 大陸，100 言語を全力調査！』（日経ナショナルジオグラフィック社）を学校図書館に備えていただくべき本として推奨します。

授業をおいしくするスマイル・レシピ **190**

小中一貫した教育に向けて はじめの一歩
〜まだ見ぬ君へ〜

中島 裕美 （なかじま・ゆうみ　北海道・札幌市立上白石小学校）

**シェフからの
ひとこと**

「英語」を学校という場だけではなく生涯楽しみながら学んでほしい，「英語」を人生に彩りを添えるものとして学んでほしいと願い，英語教育に携わってきた。小学校外国語専科になってからは，その願いを実現するため，「小中一貫した教育」を大事にし，その在り方を模索してきた。

さまざまな取組を行ってきた中の一つ，昨年度の取組について紹介したい。同じ中学校に進学する予定の小学校6年生同士のつながりをつくることを意識した実践である。

材料

- お手紙交流「Flat Stanley Project※」で使用する用紙
  ※自分の分身の紙人形とお手紙を送るカナダ発祥の教育活動
- 一人1台端末 Chromebook

作り方

1. 同じ中学校に進学する小学校3校，6年生同士で英語での手紙交流を行う。
   「やがて中学校で出会う未来の友だちに，自分のことを知ってもらおう」と活動のねらいを伝え，約1年間をとおして，自分自身のことを伝えたり，修学旅行や小学校生活の思い出を伝え合ったりする。

2. *NEW HORIZON Elementary 6* の最後の単元 My Future, My Dream で，中学校で頑張りたいことや将来の夢を伝えるスピーチ動画を個人・グループで撮影し，3校同士で見合う。

**ハイできあがり！
おいしそう！**

資料1：交流で送りあっていた手紙と自分
の分身 Flat me

資料2：手紙に添えた写真
相手の Flat me に自分の学校案内して
いる様子

こういったお手紙交流を約3往復行った。

名前から，同じ幼稚園に通っていた子ではないかと想像したり，誕生日が近いことに喜んだり，まだ見ぬ友だちに思いを馳せていた。

ということがわかりました。一度もあったことがなく、面識も特にありませんでしたが、私のために一生懸命子のお手紙を描いてくれたと思うと、とても嬉しい気持になりました。そして、私の得意なことも知ってもらえてとても嬉しかったです。小学校を卒業して、中学校に行くようになったら会えると思うので、そのときは友だちになりたいと思いました。そして、ともだちになったら、もっともっと■■■さんのことを知りたいと思いました！

資料3：お手紙をもらったときの感想の一部
　　　　中学校で会える日を楽しみにしている様子
　　　　（児童の原文のまま）

展開 いただきま〜す！

資料4：約1年後の動画交流
　　　　初めて顔を見せて動画を撮影

資料5：得意の手話を披露している様子

　動画では，ピアノやダンスなどの特技なども見せながら工夫を凝らした自己紹介をし，中学校で頑張りたいことや楽しみなこと，将来の夢についてスピーチしていた。動画交流後のふりかえりには，「ほかの人たちの英語が上手でびっくりした」「こんな人たちがいるとわかって中学校に行くのが楽しみになった」という感想や，Flat me の友だちの顔がわかってうれしかったと記している子や，Flat me の友だちに向けて「手話かっこよかったよ」とメッセージを書いている子もいた。

　また他校との Flat Stanley プロジェクト自体については，多くの子が「楽しかった」と書いており，「友だちができてうれしい」「会っていないのに友だちになれたかも」「ほかの学校の友だちと交流できるし新しい友だちができるのでとても良いと思いました。またやりたいです」というような感想が並び，実際に会う前から友だちという意識が芽生えていた子たちもいた。中学校で，本当に友だちになってくれていたらいいなと願っている。

ごちそうさまでした〜！

☆☆☆☆☆

　毎年6年生に行う中学校進学に関するアンケートでは約6割の子どもたちが，中学校進学が不安だと答える。その理由の多くを占めるのが「新しい友だちを作ること」である。同じ中学校に進学する人たちを知ることが中学校進学に対する不安軽減への一助になると思い，この取組を行った。実際，子どもたちの様子からも，お互いを知ることで不安が和らいだ様子がうかがえた。

　小中一貫した教育というと，小学校と中学校がつながることにフォーカスされがちだが，小学校と中学校とを緩やかに接続するという点においては，同じ中学校に進学する6年生同士がつながることも，9年間の学びをつなげることへの第一歩なのだと考える。

●まとめ　GIGA スクール構想が始まって以来，学校・教室内においても遠くにいる人と簡単につながることができるようになった。あっという間につながることができるという良さもある一方，1回限り，その場だけで交流が終わってしまうこともあった。今回の取組で子どもたちは，やがて出会う未来の友だちと文字だけで交流を続け，最後は初めて顔を見せ知り合うというように，ゆっくりとつながりをつくっていった。手間暇がかかり，お湯を注ぐだけで完成！のような料理ではないが，少しずつつながることで育むことができた関係性もあった。小中一貫した教育そのものが，数時間であっという間にできるといったものではないものなのだと改めて感じた。

他者紹介で自己成長 Unit 4 Who is this?
～助動詞 can の学びで広がり・つながりの「可能性」を～

行岡 七重（ゆきおか・ななえ　島根・松江市外国語教育指導協力員）

〈メッセージ〉　新しい教科書での今学期はいかがでしたでしょうか？ 日々の授業が目標の達成に終始しないためにも，私は今一度，外国語教育の目的について，自分の教師理念と照らし合わせながら考えてみようと思います。夏休みはいい機会ですね。

はじめに

　3年生で外国語（英語）が始まってからずっと，私とあなた（一人称と二人称）の世界で「事実を伝え合う」ことをしてきた子どもたち。いよいよ5年生のUnit 3（ひとつ前の単元）で助動詞の can と出会って「感情を込めて伝え合う」ことを学び始めました。新出の助動詞 can をこれまでと同様，can はできる（事実），can't はできない（事実）として扱われた方も多かったかもしれません。今単元では三人称を扱うことで，他者について思い，考え，伝える内容について判断，表現する中で，助動詞 can の重要な概念である（潜在する）「可能性」について実感を伴って学んでいける授業デザインができるのではないかと考えました。以下に流れを記します。

「『できる』って？」

　ひとつ前の単元で，「"Can you ～ ?"とたずねられたとき，聞かれている内容はわかるけどとっさに Yes なのか No なのか判断できなかった。答えはしたものの何かモヤモヤした。というようなことはなかったですか」と問い，今単元での can のコアイメージの理解へと子どもたちを誘います。たとえば，けがをしているサッカー選手は "I can't play soccer." と言うのか，や，リスニング問題での「できない」の記号は，なぜ（「×」ではなく）「△」なのか，に触れたりします。すると子どもたちは立ち止まり，「できる」という言葉の意味を考え始めます。そこで，納得を得やすい母語（日本語）での概念を国語辞典で確認します。外国語を，母語を介して理解する手立てです。

で・きる【できる・出来る】

① 　　可能である。

② 　　・・・

③ 　　・・・

可能【かのう】

（まだ実現していないが）実現の余地があること。

（『現代新国語辞典』第六巻より引用）

　子どもたちは「国語辞典」という絶対的な拠りどころの助けを借り，「can」ということばが単なる能力的な意味合いだけではないということを感じ始めます。さぁ，では「can」を使って可能性を感じる活動に入っていきましょう。

わたしができること

　下図のようなワークシートを配布し，まず中段（1）に自分の名前，次に上段（2）に自分ができると思うことを書きます。英語で書いてみたいと思う子もいるかもしれませんので，スペースを設けておきます。スマイルマークを自分らしく装飾する子もいますね。しっかりと自分について考える時間です。

友だちの可能性

全員分のワークシートを回収し，ランダムに（クラスの実態に応じて）配布します。もらったらワークシート最下段 (1) に自分の名前を書き，中段の名前を見て，誰のワークシートかを確認，上段の友だち自身が書いた「できる」ことから「友だちの可能性」について考え，(2) に日本語で書きます。友だちの可能性を思う時間です。

だれでしょう？ 人物紹介クイズ

指導者（または聴衆）は出題者に，これから紹介する人の性別を "He or she?" とたずね，出題者は答えたほうの性別のカードを掲げながら発表します（最初にこのようにたずねる／答えることで，第一声の He / She が言いやすくなります）。

↑ He / She の文字色を変えて視覚支援（見分けにくい色の組み合わせへの配慮は忘れずに）。

友だち自身が書いた上段①と②を英語で言い，友だちのことを思って考えた「可能性」を日本語で述べます。聴衆は，誰の紹介をしているのか意味を理解しながら推測し，出題者に "He / She is だれだれさん." または "Is he / she だれだれさん？" のようにたずね，"That's right!" "No, sorry." のように答え合わせをします。当たったら，出題者は本人のところにワークシートを届けに行きます（このときの教室内の雰囲気は本当にステキです）。

まとめ・子どもたちの声

誰のことか，なかなか答えが出なかったときは，"It's me." の表現を教えて励まします。本人は自分のことだとわかっていますので，勇気を出して言えるかどうか，ドキドキの場面になりますが，振り返りシートの設問「あなたはどんなときに「できる」と感じますか？」に，「スイミーと言ったとき」と書いてくれた子もいました（It's me. のことですね！）。

ほかにも，「私の可能性をみつけることができたのでうれしかったし楽しかった／自分にはいがいと「できる」があるのに気づいた／もっと自分の「can」を見つけてみたい／自分のできることが言えるようになった，英語で。あまりかんけいないが，人の中になにもできない人がいないということがわかった／「I can ～」でいい所を言ったら「あなたは～」で言われるよりうれしかった／ものすごい英語を I can ～と言う」など，You, He, She などの他者をとおした活動の後に，「I」という主体への理解が進んだよい時間になったと感じました（子どもたちが書いた感想の表記は原文のまま）。

他者紹介をとおして自己を観る経験をした子どもたち。「can」ということばがもつ可能性を感じつつ，これから続く外国語（英語）学習の中で，より一層自分の可能性も感じながら，成長していってほしいと願います。

〈引用・参考文献〉
『現代新国語辞典』第六版 (2019)，三省堂
『岩波国語辞典』第三版 (1979)，岩波書店

苦手を挽回！ 総復習の夏にしよう
～楽しく身につく，１年生夏休みの宿題～

齋藤 恵美子 (さいとう・えみこ　東京・板橋区立中台中学校)

〈メッセージ〉　私はよく，「１学期終業式が，解放感があって好きです」と冗談を言います。少しだけ余裕のある夏休み，読者の皆さまもゆっくり過ごせますように。ちゃんと休むと，不思議と授業のアイディアも湧いてきます。

はじめに

　慌ただしい学期末，採点や評定に重ねて準備が必要なのが，夏休みの宿題である。せっかくだからあれもこれもと欲張りたくなるが，あまり量が多いと，生徒の負担が大きい。そうかといって，量が少なすぎると，１学期の内容をすっかり忘れてしまう恐れがある。そもそも，何のために夏休みの宿題を出すのだろうか。宿題を「何の目的で」出すのか，十分に考え，生徒にも明確に示すことが重要である。今回の原稿では，私が今までに出してきた夏休みの宿題を紹介する。

基礎基本のための宿題

　まず，副教材として，夏休み用のワークを予定している場合が多い。１学期の進度を確認して，範囲を示してから配布，提出させる。「とにかく出せばいいや」と，やっつけ仕事のように書きなぐって，一気に答え合わせする生徒もいるので，「こんなに薄い冊子だけど，１学期の文法をまとめて振り返ることができる。だからじっくり取り組んでほしい」とゴールをしっかり伝える。夏休み明けに付属の確認テストもあるので，夏休み前半に終えた人も，夏休み後半や夏休み明けに再度見直しをしてくれる。

　夏休み明けに，英単語100問テストやスペリングコンテストを行うことも多い。夏休みは長いので100問，冬休みは短いので50問にしたこともある。１学期に習った単語から100語以上（130 ～ 140語ほど）選んでリストを作るが，学習指導要領が変わり単語数が増えたことで，太字を中心にかなり厳選して作ることが多くなった。日本語から英語を書くのが50問，英語から日本語を書くのが50問である。英語から日本語を書く問題は，名詞や動詞など品詞がなるべくわかりやすい単語を選んでいる。昨年度少人数授業で同じ学年をもった先生は，夏休み前の数時間の授業の帯学習として，１日20語ずつ，ペアで一人が日本語を言い，もう一人が英語を言う，終わったら日本語を言う人と英語を言う人が交替，という活動をさせていて，仲間同士で楽しく取り組み定着していたようだった。また，紙ではなく，Google フォームでテストをしていた先生もいらっしゃった。

自己表現の宿題

　夏休みは，通常の学期中と比べると時間の余裕があるので，生徒一人ひとりがオリジナリティあふれる自己表現の作品をつくる良い機会である。

　１学期の終わりの時期なので，「自己紹介」，進度が速ければ「身近な人の紹介」の英作文の下書きや清書を宿題に出すことが多い。通常の授業で十分学習して，例文も多めに提示することで，「まったく書けない」という生徒がいないようにしておく。

　初任のときは１年生で，「アルファベットかるた」を宿題に出した。生徒は苦労したようだが，イラストを含むユニークなかるたが並び，２学期初めに班でかるた大会を行った。

　文法項目を意識し過ぎると，自己表現はあまりうまくいかないこともある。これは２年生の夏休みの宿題の例だが，過去形を使わせようと，１日一文英語日記を毎日，夏休みの宿題に出したことがある。毎日大変だったと生徒から不評だった上に，英文も同じような一文ばかりで深い内容にはならなかった。

　１年生に夏休みの宿題で，新英研の先生の実践か

ら取り組んだのが、「身近な英語を見つけよう」である。食品など身近な商品の包装や広告から英語を見つけ、実物を切り貼りしたり、写真を撮って貼って、日本語に訳したり感想や考察を書いたりするというものである。全員必須にすると厳しいと思い、希望者のみの提出（成績には考慮）としたところ、想像以上に提出率が良く、しかも生徒も楽しんで取り組んでくれた。

調べる活動として、取り組んだことはないが、「カタカナ調べ」として、身近なカタカナが何語かという由来を調べてまとめたり、和製英語を調べて英語では何というかとまとめたり、オリジナル英語絵本を作ってみるのも、1年生では興味深いと思う。

名前で自己紹介シート〈例〉

Class: E No: 1 Name: Saito Emiko

アルファベット	単語	単語の意味や、単語を選んだ理由
S	summer	夏（夏が好き！）
A	America	アメリカ（3ヶ月研修に行きました！）
I	important	大切な。重要な（自分も相手も大切に…学年目標!?）
T	tomorrow	明日（毎日大変でも、明日は楽しい日でありますように！）
O	open-minded	開かれた性格の（…だといいな！）
E	English	英語（もっともっと力をつけたい！）
M	memory	思い出（どの思い出も宝物ですね）
I	intelligent	知的な（…になりたい!?）
K	kind	親切な（…になれといいな？）
O	original	独自の。独特の（自分らしさを大切にしたいです）

こちらも新英研の先生からアイディアをいただいて挑戦したのが、「名前で自己紹介シート」と名付けた、アルファベット版あいうえお作文である。自分の名前のアルファベットの頭文字を使った単語を探すことで、辞書をひいて新たな単語にふれることができる。品詞の指定はなく、名詞でも動詞でも形容詞でも良い。単語の意味や、その単語を選んだ理由も書く。夏休み明けには楽しい作品が集まったようである（私が2学期から産休に入った年度だったので、代替の先生が評価してくださった）。

1年生では難しいかもしれないが、3年生の夏休みだと、「自主学習ノート」を課すことが多い。英語に関することなら何でも良いのでノート15枚（両面で30ページ）と設定してある。文法の問題やノートまとめをする生徒もいるが、英語の歌やその訳を書いたり、好きな映画の字幕と吹き替えの比較をしたり、インターネットのゲームでよくある単語をまとめ

たり、良い意味で趣味と英語を結びつける生徒も多い。自由度の高い宿題も、夏休みならではだと思う。

「わかった」「できた」「楽しい」と思える宿題

小学校で英語を学び、中学校で最初の数カ月を終えた1年生は、中学校英語で「書く」ことの多さに困惑しているよう思える。小学校英語を十分理解できている前提で教科書は進んでいるので、遅れがちな生徒はすでに英語に対して相当な困難を感じている。基礎基本のための宿題で、どの生徒も夏休みに一呼吸整えて、1学期に学んだ単語や文法をもう一度振り返り、「わかった」「できた」という経験を積んでほしい。自己表現の宿題で、学んだ英語を使って自分の好きなことを英語で表現できて自信がつき「楽しい」と感じてほしい。終わった後に「結構頑張ったなぁ。よーし、2学期も頑張ろう」と思える、そんな宿題を考えたい。

教材（小道具）や話題の工夫で
英語を話したくなる

塩村 有香 （しぉむら・ゆうか　東京・中学校）

〈メッセージ〉　最近，保護猫ちゃんを譲り受けました。かわいくて家族でメロメロです。家に笑顔が増えたようです。良いことばかりで社会貢献できるなんて二重の幸せです。

「伝えたいことを伝えたい相手に」

　日常生活で英語を使わない日本において，生徒たちは英語学習の意義を感じづらく，一度挫折感をもった生徒の学習意欲を喚起することは簡単ではない。けれど，苦手でも英語を使って楽しい経験がもてれば，意欲の醸成は不可能ではない。では，英語を使っての楽しい経験とはどのように創るのか。そのポイントは，単純ながら「伝えたいことを伝えたい相手に」伝えられる機会をつくることかと思う。「伝えたいこと」は，たとえば伝えたくなるような教材や話題を工夫すること。「伝えたい相手」は，なーんだと思われるかもしれないが，何を置いても目の前の友だちである。

「えっ？！」と思えることを

　NEW CROWN の Lesson 5 など比較表現を学習する単元では，材料となる話題はたくさん考えられるが，「そうなの？」という驚きを表現すべきことに込めると少し楽しい。

　たとえば，少し手間だが某ファーストフード店の日本版とアメリカ版の飲み物のカップを収集する。それを使ってサイズの比較をしながら，比較表現の導入と口頭練習をする。日本のLサイズがアメリカ

のMサイズより小さいことが驚きなのだが，それをクイズ形式で進める。

【やりとり例】

　T: Do you like ＿＿＿＿（ファーストフード店名）?
　　 What do you drink there? What size?

などとやりとりしながら，日本のカップの実物を出す。発言を引き出しながら黒板にサイズの種類を書く。日本対アメリカのサイズ対戦表にしても良い。ただしこの時点では，アメリカに **Extra Small** があることにはまだ触れない。

▼ 対戦表例

　T: First, let's look at size M. It's a Medium
　　 (M-M) battle. Listen. Japanese size M is
　　 smaller than American size M.

実物を見せながら—

　T: What did I say?

　S: Japanese size M is small...er? ...American
　　 M size.

　T: Good!

発音しながら板書する。説明して発音練習する。

　T: Now, please guess results of other battles.
　　 Talk with your friends and make sentences.

1〜2分後に

　T: Who wants to speak?

S: Yes.　Japanese（size）S is smaller than
　 American（size）M.

T: Right!　実物を見せて，発音練習。

T: Who wants to go next?

発音練習まで繰り返し，全部出たら，Extra Small
があることを伝え，同じように guess させる。

このように，導入時に表現したくなるような状況
を作って，パターンプラクティスにつなげることが
できる。板書してある文の一部を消していって，虫
食い状態からすべて消した状態まで段階を付けてい
くことで，モデルを見なくても言えるようになるまで
練習できる。

ちなみに，某ファーストフード店のカップ比較は
YouTube でもたくさん取り上げられている。また，
カップでなくても，さまざまなキャラクターの身長や
体重比べなどもネットで情報が集められる。

伝えたい相手に

中学生の関心事の大半は友人関係のことではない
かと思う。自分のこと，たわいのない出来事，おも
しろいこと，ミスしたこと，ときにはテストの点数や
評価のこと，社会問題に至るまでも友だちと話した
いし，友だちの話を聞きたい。そんな単純なことに
気づいたのは，子どもたちの単語テストの満点者や
英語での自己表現，日本語で書いたひと言感想など
を英語科通信に掲載し続けて2年目のころだ。多く
の人が掲載されることを楽しみにしているし，掲載
された友だちの言葉を一生懸命読もうとする。右上
に英語科通信の例を掲載する（今回細かい記述内容
についてはご容赦ください）。

▼ 英語科通信例（一部）
スペコン満点者と振り返りレポートを掲載

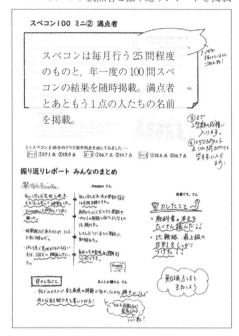

▼ 英語科通信例

ウクライナでの戦争が始まったころ，振り返りレポートの
みんなのひと言にはいくつも反戦メッセージが見られた。

生徒の力を信じて

かつて教師目線で英語のおもしろさや世界で起き
ていることなどを伝えようとしていた。けれども，
生徒目線で友だち関係をうまく利用し，伝えたくな
る仕掛けを工夫すると，学んでほしいことも練習し
てほしいことも意欲的に共有してくれる。生徒のも
つ力を信じて，そこに新しい学びをのせていければ
良いのだということに気づく。

教科書の内容からノート学習へつなげる実践例

長谷川 眞司 （はせがわ・しんじ 東京・小平第三中学校）

〈メッセージ〉 音楽といえば，勤務校の吹奏楽部は全国大会で毎年金賞をとるなど，東京都の吹奏楽部を代表する中学校です。音楽もそうですが，英語をとおして生徒の心を育むのが私の今年の重点目標です。

教科書の内容

今年度4～5月に行った実践例を紹介します。Starter では，Ben E. King による "Stand by Me" と Cyndi Lauper による "True Colors" の紹介から始まり，教科書の登場人物である主人公 Riku が文化祭で何の曲を演奏するか，という物語です。

(1) Introduction

Starter で学び始める前に，教科書で紹介されている上記の曲，"Stand by Me" と "True Colors" の和訳活動に取り組ませました。和訳は，意訳しても構わないし，辞書を使って自分なりに訳してみようと指示を出したところ，それぞれが感性の豊かな訳を書いていました。

(2) ノートに英作文

教科書にある2曲の紹介文を読んだ後にノート（各自で用意する大学ノートなど）を使い2つの課題に取り組ませました。1つめが，Music has a power. というテーマで30語程度の英語で書くというお題でした。「音楽には力がある」について書かせてみると，音楽によって勇気づけられているエピソードや音楽がきっかけで，異国文化に興味をもち始めたなど多岐にわたる内容が，中学生ならではの体験談とともに書かれていました。今回は，書く時間を授業内ではとらず，1週間期間を設けた宿題としました。自分の力で書いてみる。それで書けない表現は調べてもう一度書き直してみる。そういった時間が英語の表現力を高める道になると生徒たちには伝えました。

2つめのお題が，実際に聴いた "Stand by Me" と "True Colors" のどちらかで，気に入った歌詞のフレーズを抜き出し，それを選んだ理由を日本語で書くという課題です。生徒の中には，歌詞の意味から自分なりに解釈するものもいれば，これはこういう意図の歌詞であるといった生徒自身の考えが書かれているものもありました。

(3) 実際の生徒のノート

〈生徒①　Music has a power. について〉

〈生徒②　Music has a power. について〉

〈生徒③　Music has a power. について〉

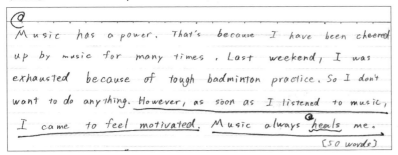

(4) 生徒の心を育てる指導

　これまで，生徒に行わせていたノートづくりというのは，教科書で学習した単語の練習をさせていたり，一度読んだ教科書本文を写させたりなど，どうしても教師からの指示があって生徒が受身にノートを作成していた感が否めません。果たしてこれで生徒の英語力や思考力が伸びているのかという問題に直面し，上記の活動に思いきり方向転換してみました。ノートに自分の思いや考えを自由に書く活動をとおして，「生徒の心を育てたい」という思いが始まりの原点です。普段は英語のやりとりで生徒とコミュニケーションをとってはいますが，どうしても授業のやりとりだけでは生徒が心の底から思っていることをすべては伝えきれません。このノートの活動はその悩みを解消してくれるのではないかと思います。時間を与えれば，そのテーマに関してより深く考えをめぐらすこともできます。この生徒は実はここまで考えていたのかと気づかされることや，普段の生活とは裏腹に，生徒の優しい一面にノートをとおして気づくこともできます。

〈生徒④　好きなフレーズについて〉

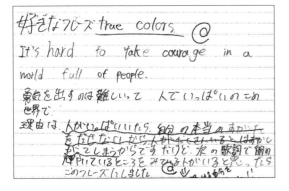

　これからもこのノートを通じてさらに生徒との深い対話を重ねて，社会的なテーマや身近なことについてともに考えることで，生徒の心を育んでいければいいなと思っています。

〈生徒⑤　好きなフレーズについて〉

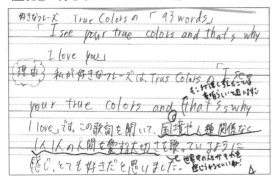

〈生徒⑥　好きなフレーズについて〉

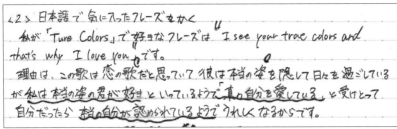

Creative Teaching 高校

ICT・生成 AI の活用で
みずから学ぶ生徒を育てる
音読とライティングでの実践紹介

古川 幸樹（ふるかわ・こうき　千葉・千葉県立千葉女子高等学校）

〈メッセージ〉　現在は3年生の担任と授業担当になり，受験をより意識するようになりました。それに伴い授業でのICTの活かし方が難しく，あまり使えていません。受験生にとってもプラスになる活用法を模索したいです。

はじめに

　2020年度から前倒し実施されたGIGAスクール構想は，第2期ともいえるNEXT GIGAのフェーズに入っています。加えて，ChatGPTに代表される近年の生成AIの飛躍的な発展により，学校現場でのICTの活用も工夫次第で可能性が拡がります。

　私が勤務する学校でも，生徒には入学時に一人1台のタブレット端末を用意してもらいます。校内にはWi-Fiが備わり，各クラスにプロジェクターとスクリーンが設置されています。さらに，本校は千葉県のDX推進校に選出されており，教職員もICTを積極的に活用しています。

　このような環境を活かし，生徒の英語力の向上はもちろんのこと，自宅での英語学習にも結び付けられるICTの活用方法を模索しています。本稿では，生徒の高校卒業後の進路も見据えて行った2つの取組を紹介します。

音読練習での活用

　2年生の「英語コミュニケーションⅡ」の授業で，Microsoft TeamsにあるClass Notebookのリーディングコーチ機能を活用した音読練習を行いました。この機能を使用して音読をすると，英文をどのくらい正確に読めているのかがパーセントで表示され，1分間で正確に読めた単語数を示してくれます。さらに，うまく発音できていない単語をピックアップしてくれます。

　本校では，生徒は各教科やホームルームで普段からタブレット端末を利用しています。そのため，必要な登録やアプリのダウンロードが済んでいて，

Teamsも使い慣れています。

　リーディングコーチ機能を活用した授業を行うための手順は，まず「チーム」と呼ばれるグループを教員が作成し，生徒はそのチームに加わります。そして，教員がチームに授業で扱う英文を配信します。どのような英文でも配信できますが，今回の実践では，生徒が日ごろ習っていることやテストにもつながることを踏まえて，教科書の本文を扱うことに決めました。英文の配信が完了すれば教員が行う準備は終了です。生徒は授業当日にTeamsが使えるタブレット端末やスマートフォンを用意します。

　最初の授業では，私自身がリーディングコーチ機能を利用して手本を見せました。音読の正確さが数値で出ることで，生徒は普段とは違った授業を実感している様子でした。私が音読して示された数値も完ぺきではなく，生徒はこの数値を一つの目標として捉えていました。

　次に生徒が実際に音読をしました。教室の前では私が，周りではクラスメイトが音読しているので，どの生徒も恥ずかしがることはありませんでした。普段の授業でもペアでのリーディングやモデル音声を使ってのシャドーイングといった音読を行っています。普段もしっかりと声を出していますが，ICTを用いての音読ではいつも以上に声を出し，いつもより真剣に音読をしていました。音読が終わると数値が出るので，評価を見て周りと確認しあったり，再挑戦したりしていました。数値がわかることで意識が高まり，楽しんでいる様子が伺えました。

　授業後に行ったアンケートでは，「楽しく音読ができた」や「もっと読めるようになりたい」といったポジティブな声が多かったです。さらに，その後の生

徒からの声で，自宅でもこの機能を使って音読練習をしていることがわかりました。自宅学習につなげることを一つの狙いにしていたので，実際に生徒の自学に結びついたことはとても嬉しかったです。普段から音読をする生徒もしない生徒も，自分の音読の結果が数字に出ることで課題がわかったり，やりがいに感じたりしていたようです。

ライティングでの活用

生徒が書いた英文をみずから添削することを目的として，生成 AI を使用しました。今回は Microsoft Bing を用いて，実際に英検の 2 級で出題されたテーマでライティングを課しました。学年の大半の生徒が英検に挑戦しているので，英検の問題を使いました。

高校生が生成 AI を使用するには保護者の同意が必要です。同意書を集めた後，課していたテーマの英作文を宿題で書き，授業内で一緒に添削しました。

添削に当たり，柳瀬陽介教授（京都大学）が公表しているプロンプトを使いました。そのプロンプトを用いることで，英作文の添削はもちろん，修正の理由や正しい英文を作成してくれます。さらに，書き手へのコメントも与えてくれます。それを活かせるようなワークシートを作成し，授業に臨みました。

実際の授業では，Teams に配信したワークシートに生徒は予習で英作文を打ち込んできて，それをペアで見せ合い，感想や気づいた間違いを伝え合います。その後，プロンプトと自身の英作文を Bing に貼り付けて添削します。大半の生徒が生成 AI を英語で使用するのが初めてで，生成 AI を授業で使用することだけでも特別な感じが得られている様子でした。実際の添削結果を見て，スペルミスや冠詞間違いといった，「自分でも気づけた」という間違いや，繰り返しを避ける表現や文の構成といった「自分では気づけない」間違いを発見していました。

添削結果を自分だけでなく，最初に英文を見せ合ったペアにも伝え，自分の指摘が正しかったことを感じている生徒もいました。最後にもう 1 度書き直して終わりました。

授業後に生徒からは，「人に見てもらうよりハードルが低い」や「最後に書かれるコメントが勇気づけてくれるのでもう 1 度書きたくなった」と言った声がありました。また，今までは英作文をした後すぐに私に添削を依頼していた生徒が，1 度生成 AI をとおしてから持ってくるようになりました。生成 AI を使った添削をしてから私のところに持ってくると，本人も間違っていた点に気づいているので以前より短時間で質の高い添削ができました。生成 AI を使用してライティングの練習を行い，それが英検や普段の定期考査の結果に結びついた生徒もいました。

おわりに

今回 2 つの形で ICT を利用して，どちらも目的にしていた自宅学習に結びつけることができました。授業時間だけでは限界がある中で，みずから学ぼうと思ってもらえたことが 1 番の成果でした。授業の後にはアンケートを取り，先に述べたように生徒の生の声を知ることができました。もちろん，その声のすべてが肯定的なものであったわけではありません。今後はさらに多くの生徒から積極的な感想を得られるよう，ほかの方法も探っていきたいです。

同僚の先生は ChatGPT を使用しての英会話の取組を行っていたので，私自身もさらなる活用法を学び ICT を使っていくつもりです。

ICT の利用はすべてが肯定的に捉えられているわけではないと思います。使い方によってはネガティブな側面もあります。しかし，今後は ICT をどのようにうまく活用していくかが大切だと思います。大学生，社会人になっても ICT を活用する生徒が多いでしょう。授業で学んだことが英語だけでなく，将来も使えるスキルにも結び付いてくれたら教師としてうれしい限りです。

〈参考文献〉
柳瀬陽介．"高校生用 ChatGPT/Bing 英作文自動添削・改訂プロンプト"英語教育の哲学的探究 3．https://yanase-yosuke.blogspot.com/2023/05/chatgptbing.html?m=1（参照 2024 年 5 月 19 日）

平和の火を灯し続ける
子どもたちにチャンスを
9.11，3.11 そしてウクライナ，ガザ

安部 直子（あべ・なおこ　東京・武蔵野市立第六中学校）

1本のメールから始まった

1998年の夏，中3生に夏休みの課題として教科書の読み物 "A Mother's Lullaby" の英語絵本づくりを課した。その中にある生徒が貼付してきた一つの新聞記事。シアトル在住の歌手，美智子パンピアンさんがお嬢さんの小学校の副読本で知った佐々木禎子さんのことを世界の人に知ってもらおうと，世界で一番大きな折り鶴を作るプロジェクトを行っているという記事だった（写真1）。メールを打つと「参加しませんか？」の返事。生徒たちと平和へのメッセージを書いて送ったところ，会場に展示してくださった。1カ月後，参加した子どもたちからの返信メッセージカードが届いた。受験前の教室が大騒ぎとなった。いつもうつむいているある生徒の顔が紅潮し，大はしゃぎで読み続ける。「人と出会うことはこんなにも魅力的なんだ」自己表現とコミュニケーションの大切さに気づかされた「初めの一歩」だった。

写真1

「全米サダコクラブ」の先生と出会う

その後，パンピアンさんが帰国時に当時の勤務校を訪れ，コンサートをしてくださり，ご本人作詞作曲の「禎子と千羽鶴」をみんなで熱唱した。このご縁で禎子さんと病室を共にした大倉記代さんも紹介していただき2度にわたり広島修学旅行事前講師として講演していただいた。講演ではいつも「原爆許すまじ」を歌われた。私も生徒も初めて聞く曲。心に染み渡った。心に火を灯し伝え続けることのすごさを

知った。平和を願い，よりよい英語の授業づくりを探求する会「こもれび塾」の原点にもなっている。

パンピアンさんは米国「サダコクラブ」の先生方も紹介してくださった。副読本として全米で広く読まれている禎子さんの話に共感した先生方の会。そこで出会ったトレサ先生とは今日まで25年間，生徒同士の文通を続けている。ゆっくり進む紙の手紙でのやりとりは忙しい学校生活の中で異色だがホッとする。封を開けると異国の香りとともに写真やシールなどお土産の数々。教室はこれまた大騒ぎになる。先方も同様とのこと。保護者の了解の下，メル友になった生徒もいる。文通は現在も進行中。

9.11

ビルに突っ込む飛行機を見ながら「第三次世界大戦」という言葉がよぎった。何をどう

写真2

すればいいか混乱した。しかしこういうときこそ表現ではないかと思い，授業で生徒たちに投げかけ，思うことを書いてもらった。英語でも日本語でもよし，とした。みな堰を切ったように書き始めた（写真2）。文通先の学校はNY近隣。相手の子たちを心配する声も寄せられた。メールでメッセージカードを送っていいか尋ねると「子どもも大人も混乱しおびえています。でもこんな中だからこそ毎年の "Peace Week"（平和週間）をやり遂げたい。そこで紹介したいので大至急送って！」夏の課題でやはり作っていた "A Mother's Lullaby" の絵本も生徒に希望を取って送った。新たに書き添えたメッセージカードと共に（写真3）。

2カ月後トレサ先生から荷物が届いた。Peace

写真3

Week は無事成功。そのときに子どもたちが書いた「平和な世界にするために自分ができること」の手形メッセージ420枚（写真4）と"Peace OUT"（平和週間スローガン）賛同署名1枚（写真5）が入っていた。賛同する人はサインをどうぞ、という活動を学校全体で行ったとのこと。手形に書かれた言葉で一番多かったのは"Respect"という単語だった。

その後一連の交流について考えることを書いてもらった。ある生徒の言葉（写真6）。「希望を失いかけていたけど今は大丈夫。手紙を見て平和を願う生徒がアメリカにもいるってわかったから」。教師の仕事はこれな

写真4

んだ、と思った。本当に気持ちのこもった言葉は人の心に希望の火を灯すことができる。子どもたちにこのチャンスを与えること、それが教師の仕事なんだと。自分があきらめてはいけない。私自身が日米の子どもたちに救われた。

3.11

その後もアフガニスタン、イラクなど大変な国の人々とつながる活動を細々と続けた。津波に襲われ色をなくしたスリランカの避難所では、日本から届いた色とりどりのメッセージに「色が戻った」とつぶ

写真5

写真6

やき涙する人々がいたと聞いた。

3.11。日本中が沈んだ思いでいる中届いた荷物。トレサ先生が全校に呼びかけ子どもたちが書いた色とりどりのメッセージカードだった。思わず抱きしめた。言葉ってこんなにも人の心に伝わるものなのか。言葉の教師でよかったと心から思った。カードは校内で共有後、新英研の先生方の協力で東北の学校へ。少しでも力になっていたらうれしい。

心に火を灯し続ける

そして2024年の今。ウクライナ、ガザで起こっていることは聞くたび胸が痛み、何もできない自分を感じて無力感にさいなまれる。耐えきれず思わず見に行った映画『愛国の告白 沈黙を破る・Part 2』。ガザ侵攻をイスラエル兵士側から描いたもので心に迫るものがあったが無力感は変わらない。会場で監督の土井俊邦氏と直接話すチャンスがあり、それについて伺ってみた。監督は「できることは簡単には見つからない。でもあの子はどうしているだろうと心配する気持ちをもつこと、無関心でいないこと、それはできる。子どもたちにも伝えてほしい」と言ってくださった。いろいろ考えたが今回は英語ではなく、道徳の授業でこの言葉を紹介し考える機会をもった。テレビニュースのクリップ、ガザの人々の暮らしについての新聞記事、ガザを訪れた日本の中学生の話を3本立ての教材として、自分も含め共に考え合う授業にした。ある生徒の感想には「どうせ自分には何もできない、やっても変わらないと思い、知ろうともしていなかった。だから「無関心でいないこと」という監督さんの言葉が胸に刺さった。それなら自分にもできると思った」とあった。

無力であっても思いがあれば次の一歩を踏み出す道が拓けるかもしれない。ここから始まる何かがあると信じて、歩み続けることなのだと思う。

火を灯し続ける。今も、これからも。

相手のこころを読む

大津 由紀雄（おおつ・ゆきお　関西大学客員教授）

こころの理論

　昨今，英語教育の世界でも「他者理解」が話題になることが多くなりました。他者とのやりとりを円滑に進めるには自分のこころとは異なる他者のこころが存在することを認識し，その他者がなにを考え，なにをしようとしているかなどを的確に判断することが必要です。ただ，母語でのやりとりは瞬時に，ほぼ無自覚的に行われることもあり，いま述べたような過程が意識されることは普通ありません。

　それに対して，外国語でのやりとりは母語に比べてその知識が限定的であることもあって，その過程を意識化させやすいと言えます。たとえば，Do you have a pen? と聞かれたときに Yes, I do. と答えただけでそのやりとりを終わらせてしまうと相手を怒らせてしまいかねない。なぜそんなことになってしまうのかを考えてみるよい機会が得られます。その意味で，外国語教育の目標の一環として《他者の気持ちに思いをはせることを習慣化すること》を据えるのは自然なことと言えます。

　前回，「こころ（mind）」の話をしました。それは「人と外界（対話相手などを含む）とのやりとりを媒介している内的仕組み」を指すと説明しました。このことばを使えば，「他者理解」とは「他者のこころの状態を推し量ること」，簡単に言えば，「相手のこころを読む」ということになります。言うまでもなく，その作業をするのは自分自身のこころです。

　この辺りのところを明確に意識した研究はプレマックとウッドルフ（D. Premack and G. Woodruff. 1978. "Does the chimpanzee have a theory of mind?" *Behavioral and Brain Sciences* 1, 515-526）に始まるとされています。「こころの理論（Theory of Mind, ToM）」という一風変わった名称が使われているのは，他者のこころは観察可能なものではなく，理論を構築することによって推量しなくてはならないものであるからという理由によるものです。

　プレマックたちの関心はチンパンジーにも他者理解ができるのかという点にありましたが，人間の子どもにおいてこころの理論がどのように築かれていくものかという点に関心をもった研究者もいました。次節ではバロン＝コーエンらによる有名な実験をご紹介しましょう。

誤信念課題

　バロン＝コーエンら（S. Baron-Cohen, A.M. Leslie, and U. Frith. 1985. "Does the autistic child have a "theory of mind"?" *Cognition* 21, 37-46）が報告している「サリーとアンの誤信念課題」実験の課題はつぎのとおりです。

　机の上にはサリーとアンの人形とサリーのバスケットとアンの箱が置かれています。そして，実験者がこんな話を語ります。

　サリーにはお気に入りのビー玉があります。サリーは出かけなくてはならなくなったので，そのビー玉を自分のバスケットの中に入れました。サリーが出かけている間にアンはそのビー玉をバスケットから取り出し，自分の箱の中に入れました。外出から戻ってきたサリーはビー玉のことが気になっていたので，ビー玉がなくなっていないことを確かめようとします。

　ここで実験者が被験児に尋ねます。「サリーはビー玉があることを確かめるためにどこを探すでしょうか」。みなさんには簡単な問題ですね。サリーはビー玉を自分のバスケットにしまって出かけたのですから，帰ってきてビー玉を確かめるの

は当然，バスケットの中です。

バロン＝コーエンらの実験で被験児を務めたのは健常児群（平均4歳5カ月，27人）ダウン症児群（平均10歳11カ月，14人），自閉症児群（平均11歳11カ月，20人）の3つのグループです。健常児群とダウン症児群はおとな同様，サリー自身のバスケットと答えましたが，自閉症児群はアンの箱と答えました。

バロン＝コーエンらは，自閉症児たちはこころの理論が構築されておらず，自分のこころの状態とサリーのこころの状態を区別することができなかった（サリーのこころの状態について誤った考え（「誤信念」）を抱いてしまっていた）ためにこのような誤りが起きたと考えました。

バロン＝コーエンらは「ビー玉はほんとうはどこにあるの」および「ビー玉は最初どこにあったの」という問いかけも行っていて，被験児の反応がビー玉の在りかに関する勘違いや記憶によって歪められたものではないことを確かめています。

では，健常児の場合，こころの理論は最初からおとなと同じ状態で存在するのでしょうか。こころの理論の発達に関する多くの研究は，3歳児では未発達であるが，5歳児になるとおとなと同じ状態が達成されるとしています。

「こころの理論」研究のその後の展開

こころの理論はこころの本質を探る認知科学において多くの研究者や実践家の関心を集め，数多くの論文や書籍が公にされています。

その後の研究で繰り返し指摘されていることは，「こころの理論」と呼ばれているものにはいくつかの下位分野が存在し，それらの下位分野が相互作用することによって関連する現象が引き起こされているという点です。実際，本稿の冒頭に「他者とのやりとりを円滑に進めるには自分のこころとは異なる他者のこころが存在することを認識すること」が必要と書きましたが，自分自身のこころとは異なった他者のこころが存在することが認識されたとしてもその2つのこころの状態は異なりう

ることが認識されたとは限りません。また，推測された他者のこころの状態からどのような行動が予測されるのかはさらに別の問題です。

このような問題も含め，こころの理論については現在も盛んに議論が戦わされています。たとえば，子安増生・郷式徹（編）『心の理論―第2世代の研究へ』（新曜社，2016年）を参照してください。

国際理解教育，協同学習

新英語教育研究会においても，国際理解教育や協同学習などがなにかと話題になります。国際理解は重要な問題ですが，「国際」と言った瞬間に「国」が意識されます。もっと一般的に「異文化理解」としてはどうでしょうか。そして，異文化理解の基盤にあるのは他者理解です。「他者」は文字どおり「自分以外の個人」を指すこともあるでしょうし，「自分の言語（方言）・文化以外の言語・文化」を指すこともあるでしょう。「国際理解」とはそうした他者理解の一形態であることを認識することによって，拡がりを見せることになります。

こう考えれば，国際理解，異文化理解，他者理解が有機的につながり，授業における実践ももっと変化に富んだ，豊かなものにすることができるのではないでしょうか。

協同学習はさまざまな側面をもっていますが，基礎にあるのは他者理解です。協同学習によって他者のこころの状態を探り，自分自身のこころの状態と照らし合わせることによって，思考を深めたり，つぎの行動を考えたりする。もちろん，自分自身のこころの状態を認識するのはメタ認知の働きです。

このように考えてくると，メタ認知と他者理解は教育においてきわめて重要な役割を果たしていることがわかります。さらに言ってしまえば，メタ認知と他者理解の発達の支援をするのが教育の役割であるとすら結論づけることができます。

【次号の予告】言語知識を巡る，ことばの認知科学の現状についてお話ししましょう。

単純に見える複雑な助動詞に一歩踏み込む

大西 里奈（おおにし・りな　新英語教育研究会編集委員）

Can you can a can as a canner can can a can?

えっ！「キャンキャンキャンキャン」，もう何がなんだかわからない。実はこれ，英語の早口言葉（Tongue Twister）です。ちゃんと文になっていて，「缶詰業者（a canner）が缶（a can）を缶詰めできる（can can）ように，あなたも缶を缶詰めできますか？」という意味の文です。助動詞の can と動詞の can と名詞の can が出てきました。

こんなのもあります。Will Will's will will what Will will want? ぜひ楽しんでみてください。

Someone may have been making the discovery by next week, so you'd better hurry.

早口言葉はさておき，今回は一見シンプルだけど奥が深い「助動詞」について，5つの観点から探ってみます。英語の授業で John can play soccer. などの文で助動詞を学んだときには「三単現を気にしなくていい！」と単純に思えたのですが，一歩深入りしてみると，とても複雑な姿が見えてきました。

小見出しには〈may ＋動詞の原形〉，〈have ＋過去分詞〉（完了形），〈be ＋〜 ing〉（進行形）が組み合わされ，助動詞が3つも含まれています。ちょっと無理をすれば，〈be ＋過去分詞〉の受動態を加えて (1) のような文を作ることもできます。

(1) The discovery may have been being made by some scientist by next week.

「こんなのアリ !?」と言いたくなる稀な助動詞の連鎖ですが，明確な意味をもち，文法的には足し算の筆算のように組み合わせていくことができます。

助動詞の分類

ここで，英語の助動詞の基本を整理しておきましょう。助動詞は疑問文や否定文を作るときに do の助けを必要としないという目立った特徴があります。疑問文は主語と助動詞を倒置して，否定文は助動詞のあとに not を足すだけでできてしまいます。

続いて，助動詞の分類です。いろいろな考え方がありますが，大きく次のように分けられます。

【一次助動詞】do, have, be

【二次助動詞（法助動詞）】can / could, may / might, must, will / would, shall / should など

一次助動詞の do は疑問文や否定文，強調で使われます。Have は完了形，be は進行形や受動態を作るときに用います。一次助動詞にはそれ自体の意味はほとんどなく，文法的に機能するだけです。

二次助動詞は「法助動詞」とも呼ばれます。「法（mood）」とは，発話者が物事をどのように捉え，考えているのかを表す文法の形式です。二次助動詞は本動詞に意志・願望・能力・義務・許可・可能性・必要などの意味を付け加え，発話者の気持ちや判断を表します。ちなみに，「仮定法」の「法」も同じ意味です。疑問文や否定文を作る際に do は不要だということから，文法的機能ももっています。

ほかに dare, need を「準助動詞」，be going to, have to, be able to, be to などを「擬似法助動詞」と呼んで助動詞の仲間に入れる考え方もあります。

法助動詞の2種類の用法と曖昧性

ほとんどの法助動詞は複数の意味をもっていて，それらは2種類の用法に分類されます。

1つ目の用法は，それぞれの助動詞の本義である意志・可能・義務・許可などの意味を本動詞に付加する「義務的用法」です。この用法では主語に関する事柄を述べているので，主語指向的と言えます。

2つ目は，文内容の蓋然性に関する発話者の確信度合いや実現可能性の判断を表す「認識的用法」です。発話者の査定を表すので，話し手指向的です。

その意味の違いを具体例で確認してみましょう。

(2) John must be careful.

(3) John is obliged to be careful.

(4) It is certain that John is careful.

(3) と (4) は (2) を言い換えたものですが，(3) は義務的用法で主語について述べています。(4) は認識的用法で発話者の考えを表しています。

助動詞にはどちらの意味で解釈すべきか判断に困る

こともあります。区別できない曖昧 (fuzzy) な場合と，両義 (ambiguous) になる場合もあります。

未来の過去は現在か？

では，助動詞が表す「時」について考えてみましょう。たとえば「will は未来を表す」と説明されることがあります。ふむふむ…と素直に聞いていると，今度は「will の過去形は would です」と続きます。そう言われると「未来の過去ってなに⁉ もしや現在か？」と混乱してきませんか。それに，助動詞を扱う際に未来を表すのは will と shall，be going to だけのように説明されがちなことにも注意したいです。

実際は現在形や現在進行形も未来を表すことができ，ほかの法助動詞も未来を含意しています。厳密には，これから起こると思われる潜在的事柄に対する主語の意志，義務，必要性などや，発話者の現在 (＝発話時) の心的状況や確信度の判断を表しています。次の例文に will や be going to はありませんが，出来事や状態が生じ得る〈未来時〉と〈法助動詞固有の意味〉が含まれていることがわかります。

(5) Can you come to the party?
(6) John may come to the party.

こうした文では，時制が示す現在や過去 (can や could など) と，法助動詞の機能として含まれる時の要素 (未来) の2つの時を表すことができるのです。

語源から探る法助動詞の意味

今度は，語源から助動詞の意味を探ってみましょう。法助動詞は古英語では本動詞として使われ，次第に助動詞としての性格に変わっていきました。

助動詞 will は「望む，欲する」という意味の古英語の本動詞 willan に由来します。そこから「〜するつもりだ」という発話時以降を含意する意志の意味で使われるようになり，意志未来に発展しました。こうした経緯からも，助動詞 will は未来に関する発話者の現在の気持ちを述べていると考えられます。

すると例文 (7) のように，文の時制が表す現在時 (now) と未来時 (at the end of the month) の異なる2つの時を表す副詞句を同時に使うことができるという点にも納得がいきませんか？

(7) Now we will have no money at the end of the month.　　　　　　(Huddleston, 1969 : 789)

では，助動詞 shall の語源はどうでしょう。Shall は「〜の義務を負う」を意味する古英語の動詞 sceal に由来します。そこから「(そのような) 定めになっている，余儀なくされる」という意味に発展し，その行為や状態は後に起こるだろうという解釈から未来の意味で使われるようになりました。

公民権運動で広く歌われた「勝利を我らに」が，We Will Overcome から We Shall Overcome になり，確固たる決意，必ずそうなる定めへと力強さが増したことが助動詞の違いから読み取れます。

助動詞の配列

先に助動詞の配列について触れましたが，助動詞が続く場合は，法助動詞→完了〈have -en〉→進行〈be-ing〉→受動〈be-en〉→動詞，の順で並びます。

例 (1) の関連部分だと may have been being made です。日本語では「(発見が) なされようとしてしまっているかもしれない」になります。日本語でも並びの順は決まっていて，さらにその順が英語の逆！ 英語と日本語の語順が逆になるのは「りんごを食べる」が eat an apple になるように，おなじみです。

では助動詞の配列はなぜこの順番なのでしょう。それぞれの助動詞が表す意味と動詞が表す状況との関係の「密度」が高いものほど動詞近くに置かれているのです。例文 (1) では「発見をする」のか，「発見がなされる」のか。それによって，発見の主体について語るのか，発見の対象について語るのかが決まります。その意味で受動態を作る be-en は「密度」が高く，動詞の一番近くに置かれます。というより，be + made (過去分詞) の形で一部，動詞に組み込まれています。

動詞が表す状況と次に深いつながりがある情報，つまり動詞が表す事態が進行中なのかが二番目に近い位置に置かれます。動詞が表す事態が完了しているのかの「密度」はさらに低くなるので，三番目に近い位置に置かれます。そして，さきほど確認した法情報は話者の主観を表すので，動詞から一番離れた場所に置かれます。日本語だとその並びが逆になるだけですね。

さて，こうした助動詞の深掘りが意味理解の助けになったでしょうか。次回は受動態を掘り下げます。

〈参考文献〉
荒木一雄・小野経男・中野弘三 (1977)『現代の英文法 第9巻 助動詞』研究社出版株式会社.
中野清治 (2014)『英語の法助動詞』開拓社.
Radden, G. and Dirven, R. (2007) *Cognitive English Grammar,* Benjamins.

執行 智子
（しぎょう・ともこ　東京・白梅学園大学）

ことばの気づきに絵本を使ってみよう

はじめに

　小学校での外国語（英語）の教科化にともない，小学校においても検定教科書を使用した授業が開始され，早4年が過ぎました。教科書をどのように使ったら効果的に英語の運用能力の基礎を作ることができるのかと中学校同様小学校でも授業研究が行われていることと思います。

　本稿では，教科書での学習の合間にできる小学校高学年や中学校1・2年生を対象としたことばの気づきを生む絵本の活用について述べていきます。

Eric Carle の魅力と外国語学習

　Eric Carle の絵本は，日本語はもちろんさまざまなことばに翻訳され世界中の子どもたちに親しまれています。彼の絵はコラージュを使った複雑な配色でできているにもかかわらず幼児にもわかりやすく，また，繰り返しによって生み出される一定のリズムに乗ったことば（英語）は，口ずさみたくなる魅力があります。日本の小学校でも *Brown Bear, Brown Bear, What Do You See?* や *The Very Hungry Caterpillar* は外国語活動や外国語（英語）の授業に定番として登場しているのではないでしょうか。しかし，内容が高学年には少しやさし過ぎて児童や生徒が飽きてしまうのではないかと思い，もっと年齢相応の絵本はないだろうかと思っている方もいらっしゃると思います。

ことばの気づきを生む絵本の選定

　英語の絵本を日本の小学校や中学校の授業で使おうと思ったときに，学習者にとって内容が適切だとことばが難し過ぎたり，ことばが適切だと内容がやさし過ぎたりし，英語のことばと内容の両方が適切なものを選ぶことはなかなか難しいものです。では，どの絵本を選べばいいのでしょうか。ことばそのものを学んだり，ことばの仕組みに焦点を当てる場合は，内容は理解しやすい絵本を選ぶべきでしょう。では，具体的にどのように活用するのかを見ていきましょう。

韻を使った文字と音の学習

　『小学校学習指導要領外国語活動・外国語編』（文部科学省，2017）の小学校高学年の外国語（英語）には「読むこと」が含まれていますが，これは，いわゆる，初めて見た文や文章を「読む」ことを性急に目標にするのではなく，その前段階としての文字と音声の学習の重要性を示しています。

> （2）読むこと
> ア 活字体で書かれた文字を識別し，その読み方を発音することができるようにする
> イ 音声で十分に慣れ親しんだ簡単な語句や基本的な表現の意味がわかるようにする　（p. 78）

　では，どのように音声と文字の関係を学習するのでしょうか。アの学習には，アルファベットカードなどを使いながら行われると思いますが，必ず音声をともなう環境を整えることが必要です。さらに，イの学習のために多くの教科書には phonics などが掲載されており，毎回授業のはじめにアルファベットの各文字の音を聞いたり発音したりすると思います。しかし，日本のように英語を外国語として学習する環境では，phonics に登場する語彙が学習者である児童や生徒にとって既知のものとは限らず，さらに，たくさんのルールを覚えてカードを読んだりする学習は，ときに学習者の動機付けを下げてしまう可能性があります。文字の連なりを有意味な音声として認識するという本当の意味での「読める」ようにまでには，しっかりとした文脈の中での文字と音声の学習が必要となってくるのです。

　その一つとして，*Brown Bear, Brown Bear, What*

Do You See? を使ってみてはどうでしょうか。

> Brown Bear, Brown Bear, what do you see?
> I see a red bird looking at me. ....
> （Jr. Martin, Bill 著，Eric Carle イラスト，1967）

　上記のように，2文からなるやりとりの第1文には，必ず頭韻が揃う2つの phrase が並んでいます。たとえば，1行目の "Brown Bear, Brown Bear" です。同じ phrase の繰り返しなので，児童や生徒にとってはとても目につきやすく，その phrase が言及するものは絵を見れば容易にわかります。河合（2018）によれば，「意味表象の有無が知覚や産出に影響している」（p. 79），つまり，意味がわかるものは聞き取れたり発話しやすいことから，最初の2つの phrase "Brown Bear, Brown Bear" の最初の文字 B は児童や生徒の注目を集めやすく意味がわかるために音声化しやすいということになります。このようにそれぞれの絵本の特徴（ことばの繰り返しなど）を捉えて授業に導入することで，学習者のことばへの気づきを生み出す機会を増やすことができます。そして，学習者である児童や生徒にとっては，みずからの気づきが多くなればなるほど学習そのものが面白くなってくるのです。

　頭韻がわかったら，2文からなるやりとりのそれぞれの最後の単語，"see," "me" が同じライムであることに注目しましょう。英語にはこのように語末に同じ音を含む単語を最後に置くことで英語らしさが生まれることや，同じライムであるのに違うスペルだということに気づくことは音声と文字の学習をますます面白くしていきます。

　このように頭韻とライムに注目することが，日本語とは異なる音節（syllable）構造の理解につながります。そして，その後の literacy の学習に大変役に立ちます（Cameron, 2001）。

　さらに，絵本にある2文からなるやりとりを聞いていくと，どの2文も同じリズムパターンでできており，大変心地いいことがわかってきます。これは，冒頭に現れる呼びかけの部分のほとんどが2シラブルでできていること，あとに続く文は同じ文の繰り返しであることから，リズムが崩れずに続いていくからなのです。学習者が暗唱できるほどにこの絵本

の読み聞かせを行った後で，文字活動を行うことで，英語は文字の数で拍を数える日本語とは明らかに違うことに気づくようになるでしょう。このような音声と文字の活動を丁寧に行うことで，子音からなる連なりに母音を挟んでしまう，いわゆる「カタカナ英語」の発音を防ぎ，強制拍リズムを伴う英語らしい発話につなげていくことができます。

　中学校1年生においても，復習を兼ねて文字が表す音声の確認にも役立ちます。日ごろ検定教科書を進めていく中で，さりげなく同じ絵本を差し出すことで，生徒が以前より読めるようになっている自分を確認することもできます。これは，生徒自身の学びの自信へとつながる活動となります。

やっぱり定番

　ことばの音と文字の関係，ことばの形式についての気づきは，内容が難しかったり，ことばが難しかったりする絵本では，児童や生徒に十分に気づきや理解を促すことはできません。幼いときから親しんできた定番の絵本だからこそ，英語でも細かいことに気づく機会を与えることができるのです。

　時間の制約がある授業で教科書以外の教材を持ち込むことはやりくりが必要です。しかし，教科書の学習の合間に，楽しく絵本を開く機会を設けたいものです。それこそが，児童や生徒に安心感を与え，英語へのさらなる興味を引き起こすきっかけにもなるはずです。

〈参考文献〉

文部科学省（2017）『小学校学習指導要領外国語活動・外国語編』

河合裕美（2018）「高学年児童はどう聞こえ，どう発音しているのか？ ―英語分節音（音素）の知覚・産出能力の実態検証―」『JES Journal』18, pp. 68-83

Cameron, Lynne.（2001）. *Teaching languages to young learners*. South Africa: Cambridge University Press.

Jr. Martin, B.（1967）*Brown Bear, Brown Bear, What Do You See?* New York: Holt, Rinehart, and Winston.

授業に歌を

Waiting For Love
～生きることの意味への真摯な問いかけ～

第**244**回

by Avicii

小池 奈津夫（こいけ・なつお　埼玉・高校）

はじめに

今回の曲は，スエーデン出身のアーチスト Avicii の代表曲の一つである "Waiting For Love" です。

Avicii は，音楽プロデューサーとしてさまざまな歌手の楽曲に関わり，DJ としても活躍しました。2013 年に，デビューアルバム *True* を発売し，リードシングルの "Wake Me Up" は，イギリスを始め多くの国で 1 位を獲得しました。今回の "Waiting For Love" は，2015 年に発売された 2 枚目のアルバム *Stories* のリードシングルとして発表されました。

この曲は，毎年のように生徒からのアンケートリストに載ってくる人気の曲です。2023 年には，TikTok で，この曲を日本語でカバーした動画が話題となったそうです。その影響でオリジナル曲も改めて注目され，Apple Music や Line Music のダンスチャートなどで 1 位になったということです。

普遍的な愛の歌

タイトルを日本語に訳せば，当然「愛を待っている」ということになります。しかし，歌詞を見ればわかるように，この曲で言っている「愛」は，「男女の愛」だけを指しているわけではなく，もっと普遍的な「愛」について歌っているものです。最初の一節だけ訳してみます。

> 意思あるところに道は開ける
> なんだか美しいね
> どんな夜でもやがて朝を迎える
> まるで魔法みたいだ
> そして，この人生に愛があれば
> 乗り越えられない障害なんてないんだ

1 行目は，有名なことわざ Where there's a will, there's a way. がそのまま使われています。それが，「なんだか美しい」（kind of beautiful）と言っています。英語では，1 行目が beautiful，2 行目が magical，3 行目が obstacle で，きちんと韻を踏んでいます。2 節目は，vulnerable, miracle, unstoppable となり，最後の節は，irreplaceable, cynical, unstoppable となっていて，きれいに韻を踏んでいます。

Avicii の曲の魅力は，メロディーがわかりやすいだけでなく，歌詞が前向きで力強く，そしてとても美しいということがあるのではないかと思います。

Avicii の生き方，そして死

彼は名前の由来について，"the name Avicii means the lowest level of Buddhist hell" と言っています（サンスクリット語では，Avīci。日本語では阿鼻地獄。発音が似ていますね。地獄の中でも最下層にあり，重罪を犯した者が，極限の苦しみを受けるという恐ろしい地獄だとか）。音楽関係の SNS である Myspace で自分のページを作ろうとしたら，本名である Tim Bergling が使われていたためこれにしたと言っています。しかし，どんな思いで，わざわざ最も恐ろしい地獄を意味する語を自分のアーチスト名としたのだろうかと考えてしまいます。

彼は，大国アメリカで 6 人に一人が飢餓に苦しみ，子どもの 4 人に一人が十分な食べ物を与えられていないという現実にショックを受け，2012 年に全米 26 か所で House（Music）for Hunger というチャリティーツアーを行いました。その収益 100 万ドルを，アメリカでの飢餓問題に取り組む NPO である Feeding America に寄付しました。

マネージャーの Ash Pournouri からツアーの相

談を受けたときのことを，彼は次のように語っています。

"I was blown away and there was no question this was something I thought we should be a part of. Everything about the project just makes sense to me."

彼のまじめさ，誠実さがよくわかる言葉です。

Avicii は，2018 年 4 月 20 日，28 歳という若さで亡くなりました。当初，その死因については不明とされていましたが，4 月 26 日に家族は次のようなコメントを発表し，自死であった可能性を示唆しました。心から冥福を祈りたいと思います。

"Our beloved Tim was a seeker, a fragile artistic soul searching for answers to existential questions. (…) He really struggled with thoughts about Meaning, Life, Happiness. He could now not go on any longer. He wanted to find peace."

「最愛のティムは，探求者であり，人はなぜ存在するのかの答えを求める繊細で芸術的な人でした。（中略）彼は，生きる意味，人生，幸福について真剣に思索し向き合ってきました。彼はもうこれ以上は前に進むことはできませんでした。安らぎを求めることを望んだのです」

素晴らしいミュージックビデオ

この曲には，実写版とアニメ版の 2 種類のミュージックビデオがあります。

実写版は，おじいさんが，突然いなくなった愛するおばあさんを探すために，電動カートに乗って冒険するというものです。11 億回以上再生され，20 万件以上のコメントが寄せられているビデオです。

私がお薦めするのは，アニメ版です。アニメ版は，最初から英詞がついていますので，授業で見せる際にも利用しやすいと思います。

アニメ版は，犬とその飼い主である少年の絆を描いています。二人は幸せに暮らしていましたが，あ

る日，少年は戦争へとかり出されてしまいます。「もしこの人生に愛があれば，僕らを止めることはできない」という歌詞そのままに，犬は愛する飼い主を探し，砲弾の飛び交う戦場を駆けていきます。少年は戦争で片足を失っていましたが，二人は再会を喜び合います。戦争が終わり，また二人が平和に楽しそうに暮らすシーンで終わります。ウクライナもガザも，いまだに戦争が続いています。戦争と平和について考えるきっかけともなるビデオです。

また，彼は "Hey Brother" という曲のビデオでも，戦争で愛する肉親を失うという物語を描いています。生きる意味を問い続けた彼にとって，戦争というのは絶対に許せないものだったのだと思います。

取り上げた重要表現

毎回，歌の中で「覚えておいた方がよい重要表現」を取り上げます。今回は，一つは冒頭のことわざ Where there's a will, there's a way. です。もう一つは，「～の人たち」の意味になる「the ＋形容詞」です。歌詞では，「どんな暴君だって弱きものに涙する」で the vulnerable が使われています。

ほかのお薦め曲

リクエストがあり，取り上げたことのある Avicii の曲は次の 2 曲です。どちらもお薦めです。

"Wake Me Up" 一躍彼を有名にした代表曲です。まだ何者になれるかもわからない不安な若者に対し，あなたはあなたのままでいいんだよ，自分の道を進んで行っていいんだよと，やさしく背中を押してくれる歌。私は，そんなふうに解釈しています。

"The Nights" 2014 年に発売された曲です。この「夜」とは，幼い「私」に父がいろんなことを話してくれた「夜」です。そのことが今でも心に残っていて忘れられないと歌っています。その父の言葉とは何か。それは，実際に歌詞を見て確認してください。とても心温まる歌詞です。

新英研 第60回大会宮城大会の見どころは？
～宮城県東松島市・石巻市開催だからできること～

現地事務局　**伊藤 正浩**（いとう・まさひろ　福島・本宮市立本宮まゆみ小学校）
　　　　　　尾張 至伸（おわり・しのぶ　青森・弘前大学教育学部附属中学校）

この全国大会で，困難を乗り越えるヒントを！

　5年ぶりの対面での開催の全国大会です。コロナ禍で一番辛かったのは，顔と顔を合わせて学習会ができなかったことです。学校現場での課題は山積しています。働き方改革といいながら，現実は一つも変わっておらず，一段とひどくなっています。小学校からの外国語教育の開始，それに付随して中学校の学習内容が難しくなり，多くの英語嫌いを作り出しています。その困難に立ち向かうためのヒントを，この全国大会で一つでも見つけてはいかがでしょうか。　　　　　（伊藤正浩　福島・小学校）

宮城大会の見どころは？

　全国各地から宮城県にお越しいただき，現地東松島市と石巻市に来て，見ることができる・体験することができる・学ぶことができることを，いくつか企画しました。それらをご紹介します。

1．大会1日目の開会式行事

　オープニングセレモニーでは，地元の学生さんたちによる，Readers Theatre（英語朗読劇）を見ることができます。題材は，東日本大地震で津波の犠牲となった，当時石巻市で ALT のアメリカ人，テイラー・アンダーソンさんの物語で，*A Gift from Taylor*（千葉直美著，市澤マリア訳）を元に，Readers Theatre のための台本を作りました。その朗読劇では，テイラーさんが，石巻で希望をもって生活をしていた様子，子どもたちに楽しんで英語を教えていた様子，地震が起き，不安な子どもたちを励ましていた様子，津波で亡くなったときの様子，彼女の両親の思いとテイラーさん自身の将来の希望について，演じる予定です。それぞれの場面を考えた上で，各登場人物の気持ちを朗読劇という形で表現します。どうぞお楽しみください。

2．大会1日目午後 アラカルト講座：
　　A Gift from Taylor を Readers Theatre で体験しよう！

　開会式での英語朗読劇を見るだけでなく，実際体験してみようというワークショップを，午後のアラカルト講座で開催します。このワークショップでは，同じく *A Gift from Taylor* から作成した台本を使って，参加者の皆さまと朗読劇を演じます。グループ編成をし，どのように読むのか，どのように表現をするのか，を各グループで話し合った上で，演技の練習をします。講座後半では，発表時間を設け，お互いの朗読劇を鑑賞することで，学びをより深めていきます。開会式と合わせて参加をすれば，成就感のある学びにつながります。

3．大会2日目午後 映画 *Silent Fallout*（サイレント フォールアウト）を見て，核兵器廃絶や平和の構築について考えよう

　1951 年，アメリカで始まったネバダ核実験。計 100 回にも及ぶ核実験は，アメリカ全土を放射能で汚染し，多くの住民が被ばくしました。この映画では，伊東英朗監督がインタビューをとおし，被ばく者たちの苦悩や，核実験の実態，それを実証しようとした人々の活動を追っています。アメリカでこの映画収録の際に同行し，取材通訳を務めた新英研の友松利英子さんが，アメリカからこの上映会に参加し，映画の製作目的や伝えたいメッセージ，製作秘話などについてお話をします。（尾張至伸　青森・中学校）

BOOK REVIEW

寺島メソッド「魔法の英語成句」ワークブック

寺島 隆吉 編（あすなろ社，1,100円）

私は今まで高校生に英語を教えてきて，あまりにも多くの単語・熟語の丸暗記を課してしまい，結果的に学ぶ意欲を削ぎ，つくづく申し訳なく感じてきた。

そんななか，この本と出会い，私も生徒たちも英語成句に対する抵抗感をずいぶんと和らげることができた。

本書の最も画期的なところは，私たちを丸暗記の苦痛から解放してくれる点だ。第2部第2章では，Basic English の考えをもとにして厳選された基本動詞12個と，それに付く前置詞や副詞の原義に立ち返り，意味不明だと思われていた英語成句を，意味が納得できるものへと見事に変えている。

ここで大きな力を発揮しているのが英語成句における「寺島の仮説」だ。この仮説を英語成句に適用することで，意味不明で丸暗記しかないと思われていた英語成句の謎が，解き明かされている。また，その「寺島の仮説」を適用する過程で，私は「思考実験の面白さ」と「考えることの楽しさ」を十分に体験できた。「2段階の思考実験」をすることで，「ああ，そういうことだったのか」と，目から鱗が落ちる瞬間が何度もあった。英語の本質に触れながら，かつ成句の意味を楽しみながら英語成句を習得できることを，本書は納得させてくれた。と同時に，そうやって納得の上に意味の理解ができた成句は，しっかりと定着すると確信した。

寺島メソッドを木にたとえると，余計な「枝葉」ではなく最も大切な「幹」をしっかりつかませることで英語の理解を促している。「幹」をきちんと教えていれば，生徒たちは自主的にどんどん学んでくれるし，そうすることが真の意味で主体的な学びではないかと思わせてくれた。

本書のおかげで私は，今まで覚えるしかないと思い続けてきた成句の意味が初めて腑に落ち，生徒たちにもきちんと説明できるようになった。また本書の説明で出てくるネクサス（意味上の主語 S' と述語 P'）という概念は，長文読解・直読直解にも役立つのではないかと嬉しくなった。

だから本書はまず，丸暗記が得意だった英語教師にぜひ読んでいただきたい。英語が得意でない生徒にも，丸暗記以外の選択肢を示し，より幅のある指導ができるようになると思うからだ。

以上が，英語教育に携わるすべての人にとって本書は必読の一冊ではないかと私が思うようになった所以である。

山田 恵（やまだ・めぐみ　種子島高校）

国民の違和感は9割正しい

堤 未果 著（PHP 研究所，990円）

第2章の「『戦争と平和』の違和感」は衝撃的だ。ガザ戦争に触れ，イスラエル軍による「広範囲な建物破壊と壊滅的な人道的状況を国際社会は猛批判」と。米英は「なぜ genocide を止めないのか？」「ガザにある宝の山をイギリスの British Gas が発見し（1999）」膨大な利権があの戦争を動かす。宝の山？

「日本政府がウクライナの連帯保証人になっている」ことはご存じ？　紹介は「ウクライナが国際復興開発銀行から借りた復興資金を返せなかったとき，日本が拠出国債という特殊な国債を発行し，連帯保証人国の一つとして利子も含めて肩代わりする法律が参院本会議で成立（2023.4.7.）」と。えっ？

「この政府，日本の農業を潰す気だ」が第3章の冒頭の1行。今国会で審議中の農基法改正案について，現行法の第一章「食料の安定供給の確保」が，改正後は「食料安全保障の抜本強化」に。「日本からの輸出を増やすために，農業を成長産業にするスマート化＝デジタル化して効率を上げるほか，ゲノム編集魚の陸上養殖事業などが盛り込まれて」いるそう（ゲノム編集魚の環境や人体，生態系への影響は未知数［著者］）。農基法改定案にはほかに「有事に海外から食べ物を輸入できるよう，輸出国への投資増」なども。「食を輸入に頼ることがいかに危険か」，「増資が必要なのは国内の農業」と指摘。「食料供給困難事態対策法案」は農業版「緊急事態条項」，第1章紹介の「地方版・緊急事態条項」の「地方自治法改正」と合せて憲法改悪の一つに挙げられる重要事態条項への地ならしと断じている。

第4章は偽情報問題。誰が「にせ」と判断するのか。EU などでさえ公式見解に反するものはみな「偽情報」とされていると。Eisenhauer が大統領退任演説で「危険」と指摘した軍産複合体は今や「検産複合体（デジタル版軍産複合体）」に Upgrade されたとも。

第5章では EU の農民たちが新自由主義的な迫害から農業を守るために，トラクターデモではねのけ，剥奪されそうになったさまざまな権利を奪還して頑張っている（日本メディアは無視）。そこに民衆の力があり，緊急事態法を政府のものにされないうちに抗議し行動する必要ありと締めくくる。

世界と日本の深刻な問題をいくつも取り上げ，解りやすく解説。政治分野でも生活・命の問題でも勇気と元気をもらう緊急の書。瀕死の状態のこの国の民主主義に今こそもう一度息を吹き込むべきときと実感させる名著である。

管 幹雄（かん・みきお 新英語教育研究会・前全国常任委員）

新英語教育研究会

支部・サークルの活動から

例会案内や報告を（できればメールで）
お送りください。
瀧口 優 宛 Fax: 042-312-3682
E-mail: takiguchi-masaru@iaa.itkeeper.ne.jp

【関西新英研学分会第8回研究会】

2024年5月26日（日）15:00〜17:30に大阪教育大学天王寺キャンパスとオンラインのハイフレックス開催。118名参加（会場参加48名，学部生54名）。

テーマ：人間理解・ことばの教育・協同学習への挑戦

登壇者：加賀田哲也さん，大津由紀雄さん，江利川春雄さん（逆五十音順）

内容：話題提供・フロア乱入型鼎談

それぞれの専門領域である「人間理解」「ことばの教育」「協同学習」を軸に，これらの本質をあぶり出し，より深い課題への挑戦と，現場での実践に取り入れるための挑戦，という意味を兼ねたテーマを設定した。「フロア乱入型」には，フロア「から」の乱入と，フロア「へ」の乱入の2つの意味を込め，自由な議論の展開をめざした。

《話題提供：加賀田哲也さん》

演題：人間教育としての外国語教育

人間形成をめざす外国語教育（HLT）の各論を紹介・再考。「児童生徒の豊かな人間性を育み，民主的で平和な多言語・多文化共生社会を構築する」ことを目的とした，かかわり合い，伝え合い，つながり合う外国語教育観を披瀝。

《話題提供：江利川春雄さん》

演題：競争と格差から協同と平等へ

現在の英語教育政策はトップ人材やエリート育成を進め，教科書内容は難化，全国学力調査の正答率は低下，生徒の英語嫌いは増加している。子どもたちの学ぶ姿と教員の実践を紹介しながら，協同型の授業への転換を提案。

《話題提供：大津由紀雄さん》

演題：英語教育にもっと認知科学を

外国語教育の目的を「母語の性質をメタレベルで捉え，母語の力を十分に発揮できるようにするため」と位置付ける。英語教育のさまざまな側面に認知とメタ認知が重要な役割を果たしていることを明確に認知すべしと主張。

《フロア乱入型鼎談》

フロアを交えた活発な議論が繰り広げられた。「人間理解」に関連して，政治や言論界の一部には学校教育をとおして国家や企業に都合のよい「人間性」を求める傾向があり，その点に警戒すべきだと指摘があった。たしかに現行学習指導要領には「人間性」「主体性」といった内面にかかわる項目と評価も盛り込まれているため，重要な指摘だ。

協同学習に関して，一人で学びたい子の扱いについて質問が出された。これに対して，協同学習は一人で学ぶ時間も保障し，「自由な立ち歩きタイム」では一人，ペア，グループなどの学習形態を選べることが回答された。

《関西新英研学分会第9回研究会》

日時：8月12日（月・祝）15:00〜17:30

形式：会場クロスパル高槻とZoom

詳細は学分会ウェブサイトに掲載。

（文責：関西新英研学分会運営委員会）

【群馬新英研『博士と狂人』読書会から学んで】

私は群馬新英研の会員ではなく，例会のZoomの設定などのお手伝いしていて，常連参加者ではなく側面から例会の様子を眺めていることが多いのですが，群馬新英研は実にアカデミックな例会活動を展開しています。

群馬ではここのところずっと『オックスフォード英語大辞典』（通称 OED）の編纂に中心的に携わった James Murray と William C. Minor の物語を読み合っています。『博士と狂人』として映画化されたのでご覧になった方もいらっしゃるでしょう。群馬新英研が読んでいるのはその原作である The Professor and the Madman（by Simon Winchester）です。

2023年9月号の本誌に綴じ込まれた『新英研会報254号』に対訳原稿や読みとり資料が掲載されています。参加者にうかがうと，「なかなか OED 編纂の場面に行きつかない，しかし南北戦争での刑罰のひどさ，16〜18世紀の英国と英語の状況がよくわかる。たとえば malapropism（マラプロピズム：ことばの滑稽な誤用）などの語が出てきて話題になった。また話題はもちろんシェイクスピアによくおよび，最近出た『逃げても，逃げてもシェイクスピア―翻訳家・松岡和子の仕事』（草生亜紀子著，新潮社）を読んでさらに英語世界の背景を知ることができた」（茨城からの参加者森島さん）。

私も埼玉の片隅で別のメンバーと四大悲劇や『リチャードⅢ世』を読んできました。今は『ベニスの商人』をゆっくりゆっくり8人ほどで読んでいるので『逃げても，逃げてもシェイクスピア』のことを聞きその本を購入して読んでみました。松岡和子さんは，日本の女性として初めてシェイクスピアの戯曲全37作の日本語訳を手掛けた翻訳家で，日本人としては坪内逍遥，小田島雄志に続き3人目，女性としては初の快挙といいます。シェイクスピアとともに生きてきた28年の格

闘が興味深いエピソードとともに記されていてお奨めの本です。

（文責：柳沢民雄）

掲示板

◆北信越ブロック交流会
—夏こそ relax and refresh！
2学期の授業のヒントが見えてくる—
日時：8月31日（土）15:00～17:00
参加形態：オンライン
当日のメニュー
①中学レポート（内記大地／富山・中）
「富山の防災について ALT の先生に伝えよう」※災害が少ないと言われていた富山県でも先の能登半島大地震で大きな被害が発生。この機会に，富山の災害について伝える作文などに取り組みました。
②高校レポート（小川弘義／新潟・高）
「朗読劇に取り組んで—記号接地をめざして—」※学習動機が弱い高校生には，試験が終われば霧散するような「運用力」を軸にするよりも，量は少なくとも「わかって心に残る」英語体験こそが大切だと考え，暗記の不要な「字幕方式の朗読劇」を実践しました。O. ヘンリー『最後の一葉』，シェイクスピア『ベニスの商人』の指導と上演の一部を紹介します。言語と意味がイメージで一致する「記号接地」をめざしています。
③ひとこと交流会（全員）とミニ・ミニ・レポート紹介（自由参加）
※ミニ・ミニ・レポート紹介は誰でも参加できます。とくにレポート資料の準備がなくても OK（あるいは当日画面共有で提示してもらってもかまいません）。
参加費：無料
申込みはメールで海木幸登へお願いします。（mayu0816ryo@gmail.com）参加者には後日 Zoom の URL をお送りします。

◆日本外国語教育改善協議会 第50回大会
日時：8月25日（日）10:00～16:00
会場：大東文化会館 K302
（東武東上線東武練馬駅5分）
175-0083 東京都板橋区徳丸2-4-21
課題：日本の外国語教育を考える
趣旨：日本外国語教育改善協議会
　1972年以来50年の歩みを重ねてきました。毎年アピールを発表し，文部科学省をはじめ関係各機関に提出してきました。今回で50回目となります。今回は係の団体だけでなく日本の外国語教育に関心のあるすべての人々を対象として参加を呼びかけています。
日程：多少の変更はあります。
09:30　受付開始
10:00　開会と主旨説明
10:10　昨年度の要望書の確認
10:40　小学校外国語教育について
11:10　中学校外国語教育について
11:40　高校外国語教育について
12:10　昼食休憩
13:00　大学の教員養成などについて（英語以外の外国語を含めて）
13:30　そのほかの課題に関する報告
14:00　総合討論
15:30　連絡事項
参加費：1,000円（学生以下は無料）
申込み：以下のグーグルフォームでの入力をお願いします。
https://forms.gle/EQJjsJwNEKDfSS8Q9
　難しい場合は以下の問合せ先にメールまたは Fax で申込んでください。氏名，住所，Tel，メールアドレス

9月号予告　8月20日（火）発売

［特集］
みんなで考える リテリング

リテリングの利点を推進する側と疑問を感じている側両方の意見を出し合い，現実の教室でどう向き合うべきなのかを考える。

を記入してください。
問合せ：瀧口優（080-3450-6878）
takiguchi-masaru@iaa.itkeeper.ne.jp
Fax：042-312-3682

◆新英研入門期英語研究会
　新英研入門期英語研究会（オンライン）はコロナ禍の2020年にスタートして4年が経過します。ほぼ2カ月に1回の研究会は10人前後の参加者で続いています。南は沖縄から北は北海道まで広がっています。
　開始当初はテーマを決めて議論をしてきましたが，この1年はそれぞれの実践や小学校英語の考え方など，報告者のテーマで報告し，それをもとに議論を行っています。報告や議論の成果は「入門期の英語指導を考える」として連載されています。次回は以下のとおりです。
日時：9月1日（日）20:00～
会場：Zoom オンライン
内容：新しい教科書を1学期使って
ミーティング ID：810 7294 6601
パスコード：066103
問合せ：瀧口優（080-3450-6878）
takiguchi-masaru@iaa.itkeeper.ne.jp

「掲示板」への投稿締切：10月号（9月20日発売）は8月5日です。10月から11月の研究会情報を無料で掲載します。
瀧口 優　E-mail: takiguchi-masaru@iaa.itkeeper.ne.jp　Fax：042-312-3682

新英研の窓

新英研ホームページ
https://www.shin-eiken.com

◆「教職調整額」10%以上に？

報道によれば文科省が教職調整額を現在の4％から10％以上に引き上げる検討を進めているそうだ。1972年の教員給与特措法（給特法）で，残業手当を払う代わりに当時の調査に基づき月平均8時間の残業として4％に決めたものである。現実の月平均残業時間は約80時間以上となっているのだから，単純計算でも40％の手当がつかなければ話が合わない。

そもそも実際の労働時間に見合った給与が支給されないこの制度自体が見直されなければならない。若者が教員採用試験を受けたがらないのは，教育に魅力を感じなくなったためではない。教職課程を取った学生でも「教職のやりがいはわかったが教員を長く続ける自信はない」と教育関係の別の仕事を探したり，大学院に進学したりという実態がある。長時間労働によって平日の残業に加え土日も過重な労働が強いられる現実を知るようになったからである。

意欲のある若者を現場に迎えるためには，教職員定数を大幅に拡大し一人ひとりの仕事量の軽減をはかることこそが求められている。

◆「英語教育実施状況調査」の結果

2023（令和5）年度の「英語教育実施状況調査」の結果が報道され，「初めて目安の50％を超えた」と報道された。政府は中学生卒業時に英検3級相当以上が50％，高校生卒業時に同じく準2級相当以上が50％を目標としてきたがこれを達成したという。

本当に英語力がついたのであれば喜ばしいことだが，この数字は慎重に検討する必要がありそうだ。周知のとおり，この調査は(1)実際に英検を受検した生徒に加え，(2)「それに相当する英語力を有していると英語担当教員が判断」する生徒の割合を調べるものだ。

(2)ではある程度主観的な要素が入ってしまうのではないだろうか。また，英検の受験率や合格率が上がったとしてもこれらの数字で英語力が上がったと言ってよいのだろうか。政府は今後2027年度にそれぞれ60％にすることを目標にするという。

実際のコミュニケーションでは異文化に対する態度，相手と交流する力，話す内容などが重要な要素をもっている。数字に振り回されることなく，バランスが良く内容が豊かなコミュニケーション力がつけられるような英語教育をめざしたい。(I.M.)

新英研に入会しましょう！

新英語教育研究会（新英研）では，全国各地で生き生きした授業づくりを研究しています。会員には，『新英語教育』誌を毎月，会報を年6回受け取るなど6つの特典があります。入会ご希望の方は，本号p.5の入会手続きの案内をご覧ください。または，下のコードからお申込みの上，年会費 12,000円（学生半額 6,000円）を，郵便局の下記口座にお支払いください。その際はメールアドレスもぜひご記入ください。

●口座番号：東京-00180-9-81600
●加入者名：新英語教育研究会

●新英研への質問は下記までお願いします。

入会したい，雑誌が届かない，退会したい
会員実務に関しては

安野 寿美
E-mail: kazumiyasuno@outlook.jp
Tel. 070-5020-8105

退会を希望される場合は，手続きの関係で，3カ月前までにご連絡ください。

『新英語教育』の内容に意見がある，投稿したい
本誌に関しては

田中 渡
E-mail: ir55zd@bma.biglobe.ne.jp
Tel.&Fax. 048-573-6724

全国大会で報告したい，分科会内容に意見がある
研究活動に関しては

吉岡 潤子
E-mail: jyoshioka1726@yahoo.co.jp
Tel.&Fax. 03-3690-0804

各支部事務局の連絡先を知りたい
その他新英研全般にわたる質問は何でも

柏村 みね子
E-mail: kasimine@ra2.so-net.ne.jp
Tel.&Fax. 03-3878-5224

本誌を読んでの感想をお寄せください。右QRからも送信できます。
www.shin-eiken.com/contact-magazine/

編集後記

●昨年11月に引き続き自己表現の特集でした。巻頭論文は，新英研の自己表現活動をtranslanguaging教育という新しい観点で捉えたものでした。その中で，日本の学校で英語を学ぶ子どもたちを「新興バイリンガル」とし，その自己表現を肯定的に受け止める教師の姿勢が重要であることなども出されました。実践報告では，学び合い，伝え合う新しいかたちの自己表現が紹介されました。どの実践も生徒の心に働きかけ学びが深まっているのを感じました。本特集が自己表現の可能性を広げることにつながれば幸いです。(S.T.)

●今月の特集のタイトルは「自己表現の新しいかたち─学び合い，伝え合うことから深い学びへ」でした。巻頭論文に新英研の自己表現の根幹に社会公正の思想があると書かれているのを読んで，「そのとおりだ」と思いました。その意味で，自己表現活動は社会の不公正を正し，みんなが幸せに生きることのできる平和で民主的な未来の社会や世界を創り出していくための教育実践活動だと思います。そのために，自分自身もさらに創意工夫して自己表現の実践を進め，もっと多くの先生方に雑誌『新英語教育』を読んでいただき，新英語教育研究会の会員にもなっていただくように訴えていきたいと思いました。(W.T.)

＊無断転載は厳禁です。本雑誌の論文を著書やインターネットのホームページなどへ許可なく転載することは著作権法の侵害となります。
＊個人情報保護のため，実践記録に登場する子どもはすべて仮名です。

新英語教育8月号（No.660）

定価：765円（本体695円＋税10%）

編　集　新英語教育研究会編集部
　　　　〒366-0035 埼玉県深谷市原郷 426-5
　　　　田中 渡 方　Tel./Fax. 048-573-6724

発行者　池田 真澄

発売元　株式会社 高文研
　　　　〒101-0064
　　　　東京都千代田区神田猿楽町2丁目1-8
　　　　Tel. 03-3295-3415 Fax. 03-3295-3417

印刷所　中央精版印刷株式会社

すべての子どもたちに外国語を学ぶ喜びと平和な未来をひらく力を

Face to Face in Miyagi! Face to Face in Miyagi! Face to Face in Miyagi! Face to Face in Miyagi! Face to Face in Miyagi!

New English Teachers' Association

新英語教育研究会 2024
第60回全国大会 宮城大会

主催：新英語教育研究会
後援：宮城県教育委員会，東松島市教育委員会
　　　三陸河北新報社（石巻かほく）
　　　石巻日日新聞社，大崎タイムス社
とき：2024 年 8 月 3 日（土）〜 8 月 4 日（日）
会場：宮城県東松島市コミュニティセンター

Face to Face in Miyagi! Face to Face in Miyagi! Face to Face in Miyagi! Face to Face in Miyagi!

Face to Face in Miyagi!
東日本大震災から 13 年〜
つどい，つたえ，つかむ，心通う授業をここから！

第1日 8月3日（土）

❖受付　**11:00〜**

❖教材交流会・
ポスター・セッション　**11:00〜12:00**　（2日目も 12:30〜13:30 に開催）

❖開会行事　**12:20〜12:50**　🎥（対面・Zoom 限定配信）

❖記念講演　**13:00〜14:30**　🎥　　　講師：堤 未果 氏

「報道されないデジタルの真実と，守るべき子どもたちの未来」

国際ジャーナリスト。NY州立大学国際関係論学科卒，NY市立大学大学院国際関係論学科修士号取得。日米を中心に世界情勢を幅広く取材。『貧困大国アメリカ』『日本が売られる』『食が壊れる』『デジタル・ファシズム』など，海外でも翻訳多数。WEB 番組『月刊アンダーワールド』キャスター。新著に『国民の違和感は 9 割正しい』

❖アラカルト講座　**14:45〜16:15**　校種などによる課題に取り組む授業実践から学ぼう！

Ⅰ	小学校	🎥	川又 裕子	（栃木・小）単元構想を大事にした小学校外国語授業の実践
Ⅱ	中学校①		吉岡 潤子	（東京・元中）心に残る授業がしたい！〜生徒と歩む 春・夏・秋・冬〜
Ⅲ	中学校②		山根 侑子	（鳥取・中）生徒が主体的に読み，考え，表現する授業をめざして
Ⅳ	高校	🎥	足立 正和	（大分・高）「論理・表現」の授業を通して感じる Dilemma とかすかな光
Ⅴ	大学		津田 ひろみ	（東京・大）Jigsaw をもっと自由に使いこなそう
Ⅵ	特設 ICT		四間丁 由起子	（石川・中）学びに向かう仕掛けづくり〜成長実感をめざして〜
Ⅶ	ワークショップ		尾張 至伸 他	（英語音読劇研究会グループ）A Gift from Taylor を Readers Theatre で体験しよう！

❖交流会　**19:00〜20:30**　（会場は東松島市近辺を予定しています）

Face to Face in Miyagi! Face to Face in Miyagi! Face to Face in Miyagi! Face to Face in Miyagi! Face to Face in Miyagi! Face

◆ 申込み：2024 年 5 月 1 日（水）〜 2024 年 7 月 26 日（金）参加申込み〆切
・ご注意ください！宿泊の申込〆切は 6 月 30 日（日）で早めになっています。大会ホームページ（右側の QR）を通じて，申込みと決済ができます。参加費の詳細もこちらでご確認ください。記念講演，映画 *SILENT FALLOUT* のみの一般参加も可。(URL: https://tohoku-shin-eiken.com)
・対面参加が基本です。🎥 マークのみ Zoom の配信もあります。ご理解ください。

Face to Face in Miyagi! Face to Face in Miyagi! Face to Face in Miyagi! Face to Face in Miyagi! Face

ご挨拶

東北へ，ようこそ
大会実行委員長（田村 蒸治）

コロナ禍を乗り越えて，対面での大会です。培ってきたリモートも利用しますが，顔を合わせての分科会や催しに胸が躍ります。大震災の地で，皆さんとつながることで禍を乗り越える力を得る場となってほしいと思っております。

全国の仲間と直接交流し学ぶ機会がここに！
新英語教育研究会会長（池田 真澄）

新英語教育研究会が創立以来最も大切にしてきたものは現場の子どもたちとの授業です。全国で多種多様な実践が行われその数だけの経験と研究があります。今年は全国の仲間と直接交流し学ぶことができる機会が実現します。宮城大会で大いに学びましょう！

第2日 8月4日（日）

> 研究・実践の興味・関心に沿った授業づくりを学び合う場です！

❖新英研分科会

	① 9:10〜10:30	② 10:45〜12:15
1 小学校・中学入門期	佐々木 典子（青森・中）「何？ やってみよう」を子どもたちにつなぐ英語絵本	坂本 ひとみ（東京・大）Living Together, Helping Each Other
2 教科書・自主教材と読み取り	松本 志津子（京都・中） 点を線に！ 教科書を立体的に使ってみる！	川村 詩織（大阪・高）教科書から自己表現につなげる
3 英文法をどう考え，どう教えるか	小笠原 孝司（北海道・高）反復と定着を見据えて分詞構文の学習を例に	池田 真澄（東京・中・高）大越 範子（東京・中）どの子もわかり使える仮定法の教え方とは？
4 自己表現・音声によるコミュニケーション	小川 弘義（新潟・高）朗読劇の取組〜「記号」から「ことば」へ〜	木戸 正大（北海道・中）自己表現に自信をもたせるための音声指導とは
5 学力と評価・遅れがちな学習者の指導	安部 直子（東京・中）自己表現とコミュニケーションで自走する学力・評価を	中西 毅（和歌山・高）高校3観点評価をやりすごす学習者中心評価の模索
6 仲間と学ぶ協同学習	沖浜 真治（東京・高）高校演習スタイル授業での協働学習の可能性を探る	山内 紳一郎（福島・中）「学びの共同体」の学校づくり・授業づくりの実践
7 平和・環境・人権・SDGsの教育に取り組む	石森 広美（北海道・大）小中高をつなぐ地球市民を育むスモール・トークの提案	大田 貴之（福岡・小）小学校で Peace Project 〜平和への思いを折り鶴に〜

❖閉会行事 13:40〜14:00

❖オプショナル・ツアー 14:30〜18:00

東日本大震災の2つの震災遺構を訪ねます。門脇小学校は児童224名が裏山に全員が避難しました。一方，大川小学校は児童教職員合わせて84名が犠牲になりました。

❖オプショナル・イベント 14:30〜16:30

◆映画 *SILENT FALLOUT*

米国の核実験による被害と女性たちの行動を描いたドキュメンタリー映画。上映後，友松利英子さん（取材通訳）のトークあり。

＜会場案内図＞

◆ **事務局連絡先（東北新英研）**：佐々木 忠夫 <tada-s@feel.ocn.ne.jp>
伊藤 正浩 <macmasahiro@me.com>